Τα Παιδιά της Γειτονιάς

Children From the Neighborhood

Theodore C. Papaloizos, Ph.D

ISBN # 978-0-932416-99-5
Copyright 2012 By Papaloizos Publications, Inc.

4th Edition

Printed in Korea

Greek123.com

Table of Contents

Επανάληψη - Review

το αλφάβητο - the alphabet

Αα	άλφα	Νν	νι
Ββ	βήτα	Ξξ	ξι
Γγ	γάμα	Οο	όμικρο
Δδ	δέλτα	Ππ	πι
Εε	έψιλο	Ρρ	ρο
Ζζ	ζήτα	Σ,σ,ς	σίγμα
Ηη	ήτα	Ττ	ταυ
Θθ	θήτα	Υυ	ύψιλο
Ιι	γιώτα	Φφ	φι
Κκ	κάπα	Χχ	χι
Λλ	λάμδα	Ψψ	ψι
Μμ	μι	Ωω	ωμέγα

Greek sounds

Letters		*Sound*	*Example*
αι	makes	ε	και
οι	makes	$\overline{ee}$	οι φίλοι
ει	makes	$\overline{ee}$	τρώει
ου	makes	$\overline{oo}$	ουρανός
αυ	makes	af or av	αυτός, αύριο
ευ	makes	ef or ev	ευχή, ευρώ

the verb: I am

είμαι	I am
είσαι	you are
είναι	he, she, it is

the family

ο πατέρας - father
η μητέρα - mother
το παιδί - child
το αγόρι - boy
το κορίτσι - girl
ο παππούς - grandfather
η γιαγιά - grandmother

Ο πατέρας είναι καλός.
Η Μαρία είναι η μητέρα σου.
Ο Νίκος είναι ένα παιδί.
Ο Τάσος είναι ένα αγόρι.
Η Άννα είναι ένα κορίτσι.
Ο παππούς είναι καλός.
Η γιαγιά είναι καλή.

το σχολείο - school
ο δάσκαλος - teacher (male)
η δασκάλα - teacher (female)
ο μαθητής - pupil (boy)
η μαθήτρια - pupil (girl)
το βιβλίο - book
το τετράδιο - notebook
το μολύβι - pencil
το στυλό - pen
η τάξη - class
το θρανίο - desk (student's)

Αυτό είναι το σχολείο μου.
Αυτός είναι ο δάσκαλός μας.
Η κυρία Ελένη είναι δασκάλα.
Ο Γιώργος είναι μαθητής.
Η Τασία είναι μαθήτρια.
Το βιβλίο είναι μεγάλο.
Το τετράδιο είναι μικρό.
Το μολύβι είναι μαύρο.
Το στυλό είναι μικρό.
Η τάξη είναι μεγάλη.
Αυτό είναι το θρανίο μου.

food

το αβγό - egg
το τυρί - cheese
το ψωμί - bread
το ψάρι - fish
το κρέας - meat
η κότα - chicken
το βούτυρο - butter
η μαρμελάδα - marmalade

τρώω - I eat

τρώω   I eat
τρως   you eat
τρώει   he, she, it eats

Το πρωί τρώω δυο αβγά.
Το παιδί τρώει ψωμί και τυρί.
Το κορίτσι δεν τρώει ψάρι.
Ο Γιώργος τρώει κρέας.
Η Μαρία τρώει κότα.
Τρώω ψωμί με βούτυρο και μαρμελάδα.

drinks

το νερό - water
το γάλα - milk
η πορτοκαλάδα - orange juice
η σοκολάτα - chocolate

πίνω - I drink

πίνω   I drink
πίνεις   you drink
πίνει   he, she, it drinks

Πίνω ένα ποτήρι κρύο νερό.
Κάθε πρωί ο Νίκος πίνει γάλα.
Η Μαρία δεν πίνει γάλα.
Πίνει πορτοκαλάδα.
Εσύ, τι πίνεις;
Εγώ πίνω γάλα κακάο.

greetings

καλημέρα - good morning
καλησπέρα - good evening
καληνύχτα - good night
χαίρετε - good-bye, hello
αντίο - good-bye

λέω	I say
λες	you say
λέει	he, she, it says

Το πρωί λέω καλημέρα.
Το βράδυ λέω καλησπέρα.
Το βράδυ λέω καληνύχτα.
Το απόγευμα λέω χαίρετε.
Παιδιά, αντίο!

numbers

ένα - one
δύο, δυο - two
τρία - three
τέσσερα - four
πέντε - five
έξι - six
εφτά - seven

οχτώ - eight
εννέα - nine
δέκα - ten
έντεκα - eleven
δώδεκα - twelve
είκοσι - twenty

colors

άσπρο - white	άσπρο γάλα
μαύρο - black	μαύρο μολύβι
κόκκινο - red	κόκκινο μήλο
πράσινο - green	πράσινο φύλλο
κίτρινο - yellow	κίτρινο λεμόνι
μπλε, γαλάζιο,	μπλε μολύβι, γαλάζιος ουρανός
γαλανό - blue	γαλανή θάλασσα
καστανό - brown	καστανό φύλλο
πορτοκαλί - orange	πορτοκαλί μολύβι

verbs - action words

είμαι - I am	Είμαι ένα παιδί.
έχω - I have	Έχω ένα ποδήλατο.
τρώω - I eat	Τρώω το φαγητό μου.
πίνω - I drink	Πίνω το γάλα μου.
γράφω - I write	Γράφω το μάθημά μου.
διαβάζω - I read	Διαβάζω το μάθημά μου.
τρέχω - I run	Τρέχω γρήγορα.
παίζω - I play	Παίζω με τα άλλα παιδιά.
έρχομαι - I come	Έρχομαι στο σχολείο.

Μάθημα πρώτο - Lesson 1

Ο Γιάννης

Αγόρια και **κορίτσια**.
Όλα στην ίδια **γειτονιά**.

Εγώ **είμαι** ένα από τα αγόρια.
Είμαι ο Γιάννης. **Με λένε** Γιάννη.
Είμαι καλό παιδί. Είμαι **ψηλό** και **δυνατό** παιδί.
Τρώω το φαγητό μου και **πίνω** το γάλα μου.
Ακούω τον μπαμπά και τη μαμά.
Είμαι καλό παιδί. ☺

λεξιλόγιο - vocabulary

το αγόρι - boy
το κορίτσι - girl
η γειτονιά - neighborhood
είμαι - I am
με λένε - my name is
ψηλό - tall
δυνατό - strong
τρώω - I eat
το φαγητό - food, meal
πίνω - I drink
ακούω - I listen, I hear

μελέτη λέξεων - word study

το αγόρι - boy
το κορίτσι - girl
είμαι - I am
τρώω - I eat
πίνω - I drink

Verb

εγώ τρώω	I eat
εσύ τρως	you eat
αυτός τρώει	he eats
αυτή τρώει	she eats
αυτό τρώει	it eats

Εγώ τρώω το φαγητό.
Εσύ τρως το μήλο.
Αυτός τρώει στο σχολείο.
Αυτή τρώει το τυρί.
Ο Γιάννης τρώει το κρέας.

Greek Sounds

Letters		Sound	Example
αι	makes	ε	και
οι	makes	ee	οι φίλοι
ει	makes	ee	τρώει
ου	makes	oo	ουρανός
αυ	makes	af or av	αυτός, αύριο
ευ	makes	ef or ev	ευχή, ευρώ

13

Ερωτήσεις για την τάξη

Α. Ερωτήσεις:
1. Τι είναι στη γειτονιά;
2. Ποιο είναι ένα από τα αγόρια;
3. Τι παιδί είναι ο Γιάννης;
4. Είναι ψηλό παιδί ο Γιάννης; Είναι δυνατό παιδί;
5. Τι κάνει το φαγητό του;
6. Ποιον ακούει ο Γιάννης;

Β. Λέμε: ένα αγόρι   δυο αγόρια*
        ένα κορίτσι   δυο κορίτσια
        ένα παιδί   δυο παιδιά
*We add an **-α** to make more than one (plural).*

Λέμε: Ο Γιάννης είναι ένα αγόρι.
    Πώς θα πούμε; Ο Γιάννης και ο Γιώργος είναι _____

    Η Μαρία είναι ένα κορίτσι.
    Πώς θα πούμε; Η Μαρία και η Σοφία είναι _____

Λέμε: Εγώ είμαι καλό παιδί.
    Πώς θα πούμε;
    Ο Νίκος _____ καλό παιδί.
    Εσύ, _____ καλό παιδί;
    Μάλιστα, εγώ _____ καλό παιδί.

Γ. Πώς θα πούμε στα ελληνικά αυτές τις λέξεις;
    boy, girl, child, strong, tall, I am, I eat,
    I drink, the neighborhood

Μάθημα δεύτερο - Lesson 2

Ο Σταύρος

Εγώ είμαι ο Σταύρος.
Ξέρω πώς να **χαιρετώ**:
Το πρωί λέω καλημέρα.
Το μεσημέρι και *το απόγευμα* λέω *χαίρετε.*
Το βράδυ λέω *καλησπέρα.*
Τη *νύχτα* λέω καλησπέρα και *καληνύχτα.*

Ξέρω να *μετρώ*:
ένα, δύο (δυο), τρία, τέσσερα, πέντε, έξι, εφτά, οχτώ,
εννιά, (εννέα), δέκα, έντεκα, δώδεκα... ☺

15

λεξιλόγιο - vocabulary

ξέρω - I know
χαιρετώ - I greet
το πρωί - morning
λέω - I say
καλημέρα - good morning

το μεσημέρι - noon
το απόγευμα - afternoon

χαίρετε - hello, good-bye
το βράδυ - evening
καλησπέρα - good evening
η νύχτα - night
καληνύχτα - good night
μετρώ - I count

16

μελέτη λέξεων - word study

καλημέρα - good morning
καλησπέρα - good evening
καληνύχτα - good night
χαίρετε - hello, good-bye

γραμματική - grammar

Verb

εγώ ξέρω	I know
εσύ ξέρεις	you know
αυτός ξέρει	he knows
αυτή ξέρει	she knows
αυτό ξέρει	it knows

Εγώ ξέρω να χαιρετώ.
Εσύ, ξέρεις τον Γιάννη;
Αυτός ξέρει τα παιδιά.
Αυτή ξέρει το μάθημά της.
Ο Γιάννης ξέρει να μετρά.

Ερωτήσεις για την τάξη

Α. Ερωτήσεις:

    1. Τι κάνει ο Σταύρος;

    2. Τι ξέρει να κάνει ο Σταύρος;

    3. Πώς χαιρετά το πρωί ο Σταύρος;

    4. Εσύ, πώς χαιρετάς το πρωί; Τι λες;

    5. Πότε λες «χαίρετε»;

    6. Πότε λες «καλησπέρα»;

    7. Ξέρεις να μετράς;

    8. Μέτρα από το έξι μέχρι το δέκα.

    9. Ποιος αριθμός έρχεται ύστερα από το εφτά;

    10. Ποιος αριθμός έρχεται ύστερα από το έντεκα;

Β. Λέμε: ένα βιβλίο   δυο βιβλία*

         ένα τετράδιο   δυο τετράδια

*We change the **-o** to **-α** to make more than one (plural).*

Λέμε: Ο Σταύρος έχει ένα βιβλίο.

    Πώς θα πούμε; Ο Σταύρος έχει δυο _____

                Ο Σταύρος έχει τρία _____

Γ. Correct the sentences which you think are wrong:

    1. Το πρωί χαιρετώ και λέω καληνύχτα.

    2. Το μεσημέρι χαιρετώ και λέω καλησπέρα.

    3. Το βράδυ χαιρετώ και λέω καλημέρα.

Δ. Λέμε: Ξέρω κάτι.

    Πώς θα πούμε; Το παιδί _____ κάτι.

                Εσύ _____ κάτι.

                Ο Νίκος δεν _____ τίποτα.

Μάθημα τρίτο - Lesson 3

Η Σοφία

Εγώ είμαι η Σοφία.
Είμαι ένα **μικρό** κορίτσι.

Έχω **ωραία μαλλιά**, **μαύρα μάτια** και ωραίο **πρόσωπο**.
Είμαι καλή **μαθήτρια**.
Διαβάζω πολύ.
Ξέρω πολλά **πράγματα**.
Παίζω με τα άλλα κορίτσια.
Έχω πολλές **φίλες**. ☺

λεξιλόγιο - vocabulary

μικρό - small
ωραία - beautiful
τα μαλλιά - hair
μαύρα - black
το μάτι - eye
το πρόσωπο - face
η μαθήτρια - pupil (girl)
διαβάζω - I read
τα πράγματα - things
παίζω - I play
έχω - I have
οι φίλες - friends (girls)

μελέτη λέξεων - word study

το μάτι - eye
το πρόσωπο - face
τα μαλλιά - hair
διαβάζω - I read
έχω - I have
η φίλη - friend (girl)

20

Verb

εγώ	έχω	I have
εσύ	έχεις	you have
αυτός, αυτή, αυτό	έχει	he, she, it has
εμείς	έχουμε	we have
εσείς	έχετε	you have
αυτοί	έχουν	they have

Εγώ έχω δύο μάτια.
Εσύ έχεις μαύρα μαλλιά.
Η Σοφία έχει πολλές φίλες.

Memorize the Alphabet

Αα	άλφα		Νν	νι
Ββ	βήτα		Ξξ	ξι
Γγ	γάμα		Οο	όμικρο
Δδ	δέλτα		Ππ	πι
Εε	έψιλο		Ρρ	ρο
Ζζ	ζήτα		Σ,σ,ς	σίγμα
Ηη	ήτα		Ττ	ταυ
Θθ	θήτα		Υυ	ύψιλο
Ιι	γιώτα		Φφ	φι
Κκ	κάπα		Χχ	χι
Λλ	λάμδα		Ψψ	ψι
Μμ	μι		Ωω	ωμέγα

Ερωτήσεις για την τάξη ❓

Α. Ερωτήσεις:

1. Τι είναι η Σοφία;
2. Πώς είναι τα μαλλιά της;
3. Πώς είναι τα μάτια της;
4. Πώς είναι το πρόσωπό της;
5. Τι μαθήτρια είναι η Σοφία;
6. Πόσο διαβάζει;
7. Τι κάνει με τα άλλα κορίτσια;

Β. Το αλφάβητο:

1. Ποιο γράμμα έρχεται ύστερα από το ε;
2. Ποιο γράμμα είναι μπροστά από το ω;
3. Πόσα γράμματα έχει το ελληνικό αλφάβητο;
4. Με ποιο γράμμα αρχίζει το όνομά σου;
5. Πόσα γράμματα έχει το όνομά σου;
6. Με ποιο γράμμα αρχίζει η λέξη «ψάρι»;

Γ. Στο κεφάλι μας έχουμε μαλλιά:

Πέστε τι άλλο έχουμε στο κεφάλι μας.

Δ. Λέμε: Εγώ έχω ένα στυλό.

Εσύ _____ δυο στυλό.

Η Άννα _____ τρία στυλό.

Ένα μικρό κορίτσι.   Δυο _____

Ένα μεγάλο μάτι.   Δυο _____

Ε. Πώς λέμε στα ελληνικά;

1. beautiful hair   3. small nose, big nose
2. black eyes   4. big hand, small hand

22

Μάθημα τέταρτο - Lesson 4

Ο Νίκος

Ο Νίκος.
Ο Νίκος είναι ψηλό και δυνατό αγόρι.
Του αρέσουν τα σπορ.
Παίζει ποδόσφαιρο, *μπάσκετ* και *μπέιζμπολ*.
Τον *χειμώνα* παίζει ποδόσφαιρο.
Το καλοκαίρι παίζει μπέιζμπολ.
Κι όλο τον *χρόνο* παίζει μπάσκετ.
Το σχολείο του έχει *ομάδα* μπάσκετ.
Ο Νίκος παίζει στην ομάδα. Είναι *ο καλύτερος παίκτης*.

Του αρέσει να *μετρά* τα *καλάθια*.
Πόσα καλάθια έχεις μέχρι τώρα Νίκο;
Φέτος έχω μόνο οχτώ.
Ο Νίκος αρχίζει να μετράει τα καλάθια:
Ένα, δυο, τρία, τέσσερα ... ☺

23

λεξιλόγιο - vocabulary

του αρέσουν - he likes
  (more than one thing)
τα σπορ - sports
παίζει - he plays
το ποδόσφαιρο - soccer
το μπάσκετ - basketball
το μπέιζμπολ - baseball
ο χειμώνας - winter
το καλοκαίρι - summer
ο χρόνος - year

το σχολείο - school
η ομάδα - team
ο καλύτερος - the best
ο παίκτης - player
του αρέσει - he likes
  (one thing)
μετρά - he counts
το καλάθι - basket
φέτος - this year

μελέτη λέξεων - word study

το σχολείο - school
το καλοκαίρι - summer
ο χειμώνας - winter
μου αρέσει - I like

Μου αρέσει το σχολείο.   I like school.
Μου αρέσει το καλοκαίρι.   I like summer.
Δε μου αρέσει ο χειμώνας.   I do not like winter.

24

One Thing	**More Than One Thing**
μου αρέσει - I like	**μου αρέσουν** - I like
σου αρέσει - you like	**σου αρέσουν** - you like
του αρέσει - he likes	**του αρέσουν** - he likes
της αρέσει - she likes	**της αρέσουν** - she likes

Μου αρέσει το γάλα.	I like milk.
Του αρέσει η πορτοκαλάδα.	He likes orange juice.
Της αρέσουν τα μήλα.	She likes apples.
Σου αρέσει το κρύο νερό.	You like cold water.

Ερωτήσεις για την τάξη

Α. **Ερωτήσεις:**

1. Τι αγόρι είναι ο Νίκος;
2. Τι του αρέσουν;
3. Τι παιχνίδια παίζει;
4. Τι παιχνίδια σου αρέσουν; Τι παιχνίδια παίζεις;
5. Τι παιχνίδι παίζει ο Νίκος τον χειμώνα;
6. Τι παιχνίδι παίζει όλο τον χρόνο;
7. Έχει το σχολείο του μια ομάδα; Τι ομάδα έχει;
8. Παίζει ο Νίκος στην ομάδα; Είναι καλός παίκτης;
9. Τι μετρά ο Νίκος, όταν παίζει;
10. Πόσα καλάθια έχει ο Νίκος φέτος;

Β. **Πώς θα πεις στα ελληνικά;**

1. I like the school.
2. I like the apples.
3. He likes the game.
4. He likes the games.
5. You like the book.
6. You like the books.
7. I like summer.
8. I do not like winter.

Γ. **Λέμε:** ένα καλάθι   δυο _____

ένα βιβλίο   δυο _____

ένα καλοκαίρι   δυο _____

ένα δυνατό αγόρι   δυο _____

ένα ψηλό κορίτσι   δυο _____

παίζω ποδόσφαιρο   εσύ _____

μου αρέσει το ποδόσφαιρο   σου _____

Μάθημα πέμπτο - Lesson 5

Η Μαργαρίτα

Η Μαργαρίτα είναι **μικρούλα**.
Έχει **μακριά, ξανθά μαλλιά**.
Της αρέσουν τα κόκκινα **ρούχα**.
Πάντοτε φοράει κάτι κόκκινο.

Το πρωί **ξυπνάει**, **πλένεται** και **ντύνεται**.
Φοράει ένα κόκκινο **φουστάνι**.
Δένει τα μαλλιά της με μια κόκκινη **κορδέλα**.
Βάζει κόκκινες **κάλτσες** και μια κόκκινη **ζώνη**.
- Έχω και κόκκινα **παπούτσια**, **λέει**.
Φοράει και κόκκινα παπούτσια.

- Μου αρέσουν τα κόκκινα, μαμά, λέει η Μαργαρίτα.
- **Μοιάζεις** με την **Κοκκινοσκουφίτσα**, λέει η μαμά. ☺

λεξιλόγιο - vocabulary

η μικρούλα - small girl
μακριά - long
ξανθά - blond
τα μαλλιά - hair

τα ρούχα - clothes
πάντοτε - always
φοράει - she wears

ξυπνάει - she wakes
πλένεται - she washes herself
ντύνεται - she dresses herself
το φουστάνι - dress

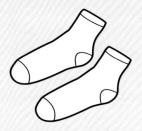

δένει - she ties
η κορδέλα - ribbon
βάζει - she puts on
οι κάλτσες - socks
η ζώνη - belt

τα παπούτσια - shoes
λέει - she says
μοιάζεις - you look like
η Κοκκινοσκουφίτσα -
    Little Red Riding Hood

μελέτη λέξεων - word study

τα μαλλιά - hair
τα ρούχα - clothes
το φουστάνι - dress
ντύνομαι - I dress

γραμματική - grammar

Verb

εγώ ντύνομαι	I dress myself
εσύ ντύνεσαι	you dress yourself
αυτός ντύνεται	he dresses himself
αυτή ντύνεται	she dresses herself
αυτό ντύνεται	it dresses itself

Εγώ ντύνομαι με κόκκινα ρούχα.
Αυτός, με τι ρούχα ντύνεται;
Η Μαργαρίτα ντύνεται.

Ερωτήσεις για την τάξη ❓

Α. **Ερωτήσεις:**
1. Πώς είναι η Μαργαρίτα;
2. Πώς είναι τα μαλλιά της;
3. Τι ρούχα της αρέσουν;
4. Τι χρώμα έχει αυτό που πάντοτε φοράει;
5. Τι χρώμα έχει το φουστάνι που φοράει;
6. Με τι κορδέλα δένει τα μαλλιά της;
7. Πώς είναι οι κάλτσες που βάζει;
8. Πώς είναι η ζώνη της;
9. Πώς είναι τα παπούτσια της;

Β. **Λέμε:** μια μητέρα δυο μητέρες*
μια μέρα δυο μέρες

*We change the last **-α** to **-ες** to show more than one (plural).*

Πώς λέμε; μια κάλτσα δυο _____
μια κορδέλα δυο _____

Γ. **Use the word «κόκκινος» (correct form) with the words:**
_____ κάλτσες _____ παπούτσια _____ ζώνη
_____ κορδέλα _____ φουστάνι _____ ρούχα

Δ. **Λέμε:** φορώ ξυπνώ
φοράς ξυπνάς
φορά και φοράει ξυπνά και ξυπνάει

Complete the sentences using «φορώ» and then «ξυπνώ».
Εγώ _____ Εγώ _____
Η Νίκη _____ Η Νίκη _____
Εσύ _____ Εσύ _____

Μάθημα έκτο - Lesson 6

Η Ρένα

Η Ρένα είναι καλό και *ήσυχο* κορίτσι.

Της αρέσει πολύ *η μουσική*.

Πιο πολύ από όλα όμως της αρέσει να παίζει *βιολί*.

Μια φορά την *εβδομάδα κάνει μάθημα* και *κάθε μέρα
παίρνει* το βιολί και παίζει για πολλή ώρα.

- *Φτάνει* Ρένα, λέει ο Νίκος, *ο αδελφός* της.

Με ζαλίζεις με το βιολί σου.

- Γιατί, δε σου αρέσει; λέει η Ρένα.

- Όχι, δε μ' αρέσει.

- Τότε *κλείσε* τα αυτιά σου να *μην ακούς*. ☺

λεξιλόγιο - vocabulary

ήσυχο - quiet
η μουσική - music
το βιολί - violin
η εβδομάδα - week
κάνει μάθημα - she has a lesson
το μάθημα - lesson
κάθε μέρα - everyday

παίρνει - she takes
φτάνει - it is enough
ο αδελφός - brother
με ζαλίζεις - you make me dizzy
κλείσε - close
μην ακούς - do not listen

μελέτη λέξεων - word study

η μουσική - music
η εβδομάδα - week
μου αρέσει - I like
ευχαριστώ - I thank

32

Verb

εγώ ακούω	I hear	or	I listen
εσύ ακούς	you hear	or	you listen
αυτός ακούει	he hears	or	he listens
αυτή ακούει	she hears	or	she listens
αυτό ακούει	it hears	or	it listens

Εγώ ακούω τη μαμά.
Εσύ, ακούς μουσική;
Αυτή ακούει φωνές.

33

Ερωτήσεις για την τάξη ❓

Α. **Ερωτήσεις:**
1. Τι κορίτσι είναι η Ρένα;
2. Τι της αρέσει;
3. Τι μουσικό όργανο (musical instrument) παίζει;
4. Εσύ, παίζεις κάποιο μουσικό όργανο;
5. Πόσες φορές την εβδομάδα κάνει μάθημα η Ρένα;
6. Τι κάνει κάθε μέρα;
7. Τι της λέει ο αδελφός της, ο Νίκος;

Β. **Στα ελληνικά λέμε: Ακούω μουσική – "I hear music" or "I listen to music". Πέστε πώς λέμε στα ελληνικά:**
1. I listen to music.   5. Do you hear music?
2. I hear music.   6. Do you listen to music?
3. He listens to music.   7. I listen to my mother.
4. She hears music.   8. I hear my mother.

Γ. **Πώς λέμε;** Ένα βιολί   Δυο _____
              Μια εβδομάδα   Πολλές _____
              Ένα ήσυχο κορίτσι   Τρία _____
              Μια μέρα   Δυο _____

Δ. **Λέμε:** ένα μάθημα   δυο μαθήματα*
            ένα όνομα   δυο ονόματα
*We add **-τα** to the word to make more than one (plural).*

Πώς λέμε; ένα γράμμα   δυο _____
            ένα γράμμα   πολλά _____
            ένα χρώμα   τρία _____

34

Η Αλεξάνδρα

Είναι μεσημέρι.

Η Αλεξάνδρα **μπαίνει** στην **κουζίνα**.

Πεινάει.

- **Θέλω** κάτι **να φάω**, λέει.

- Τι **έχουμε**;

- Θέλεις λίγο **κρέας**; Έχουμε **κότα**, λέει η μητέρα.

- Θέλω ένα **σάντουιτς** με **ζαμπόν** και **τυρί**.

- Τι **ψωμί** θέλεις; Άσπρο ή **σταρένιο**;

- Θέλω σταρένιο ψωμί, λέει η Αλεξάνδρα.

- Θέλεις **ντομάτα** και **μαρούλι**;

- Μάλιστα, θέλω λίγη ντομάτα και λίγο μαρούλι.

Το **ετοιμάζω** εγώ. Μου αρέσει να **βοηθώ**. ☺

35

λεξιλόγιο - vocabulary

μπαίνω - I enter
η κουζίνα - kitchen
πεινώ - I am hungry
πεινάει - she is hungry
θέλω - I want
να φάω - to eat
έχουμε - we have
το κρέας - meat
η κότα - chicken

το σάντουιτς - sandwich
το ζαμπόν - ham
το τυρί - cheese
το ψωμί - bread
σταρένιο - of wheat
η ντομάτα - tomato
το μαρούλι - lettuce
ετοιμάζω - I prepare
βοηθώ - I help

36

μελέτη λέξεων - word study

το κρέας - meat
η κότα - chicken
το μαρούλι - lettuce
η ντομάτα - tomato
το τυρί - cheese
το ψωμί - bread

γραμματική - grammar

Verb

εγώ θέλω	I want
εσύ θέλεις	you want
αυτός θέλει	he wants
αυτή θέλει	she wants
αυτό θέλει	it wants

Εγώ θέλω να φάω μια ντομάτα.
Εσύ, θέλεις λίγο κρέας;
Αυτή θέλει ένα ποτήρι γάλα.
Η Αλεξάνδρα, τι θέλει;

Ερωτήσεις για την τάξη ?

Α. **Ερωτήσεις:**

1. Πού πηγαίνει η Αλεξάνδρα;
2. Γιατί η Αλεξάνδρα πηγαίνει στην κουζίνα;
3. Τι λέει στη μητέρα;
4. Τι απαντά η μητέρα;
5. Τι θέλει να φάει η Αλεξάνδρα;
6. Τι σάντουιτς θέλει η Αλεξάνδρα;
7. Τι ψωμί θέλει η Αλεξάνδρα;
8. Τι σάντουιτς θέλει η Αλεξάνδρα;

Β. **Πώς λέμε αυτές τις λέξεις στα ελληνικά;**

bread	a loaf of bread	white bread
wheat bread	a slice of bread	two slices of bread
tomato	lettuce	meat
cheese	I am hungry	he is hungry

Γ. **Translate the English words to Greek:**

1. Η Μαρία τρώει (chicken).
2. Η Ειρήνη τρώει ένα σάντουιτς (with lettuce and tomato).
3. Η μητέρα μαγειρεύει (in the kitchen).
4. Ο Νίκος τρώει (meat).
5. Το παιδί (wants) να φάει.
6. Εγώ (do not want) να φάω.
7. Εσύ τι (want) να φας;

Δ. **Λέμε:** Ένα ψωμί   Δυο _____
       Μια ντομάτα   Πολλές_____
       Ένα τυρί   Πολλά _____
       Ένα μαρούλι   Δυο _____
       Μια κότα   Τρεις _____

Ο Τάκης

Ο Τάκης θέλει όλο να *τρώει*.

Το μυαλό του είναι *πάντοτε* στο *φαγητό*.

Το πρωί, *μόλις ξυπνήσει*, *τρέχει* στην κουζίνα.

Ανοίγει το ψυγείο.

Κοιτάζει στα *ντουλάπια*. Κοιτάζει *παντού*.

Ψάχνει παντού. Τρώει *ό,τι βρει*.

Τώρα θέλει *παγωτό*.

Σε λίγο θέλει *πατατάκια*.

Πιο ύστερα θέλει μια *σοκολάτα*.

Του αρέσει πολύ να τρώει.

Το πολύ φαγητό δεν κάνει καλό. ☺

λεξιλόγιο - vocabulary

τρώει - he eats
το μυαλό - mind (brain)
πάντοτε - always
το φαγητό - food, meal
μόλις ξυπνήσει - as soon
  as he wakes up
τρέχει - he runs
ανοίγει - he opens
το ψυγείο - refrigerator
κοιτάζει - he looks at
το ντουλάπι - cupboard
παντού - everywhere
ψάχνει - he searches
ό,τι βρει - whatever he finds
τώρα - now
το παγωτό - ice cream
σε λίγο - in a little while
τα πατατάκια - potato chips
πιο ύστερα - later
η σοκολάτα - chocolate

μελέτη λέξεων - word study

ανοίγω - I open
η κουζίνα - kitchen
η σοκολάτα - chocolate
το φαγητό - food, meal
το παγωτό - ice cream

γραμματική - grammar

Ανοίγω την πόρτα.
I open the door.

Τρώω όλο το φαγητό μου.
I eat all my food.

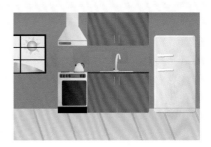

Τρώω στην κουζίνα.
I eat in the kitchen.

Μου αρέσει το παγωτό.
I like ice cream.

Πίνω μια ζεστή σοκολάτα.
I drink a hot chocolate.

Ερωτήσεις για την τάξη

Α. Ερωτήσεις:
1. Τι θέλει να κάνει ο Τάκης;
2. Πού είναι πάντοτε το μυαλό του;
3. Μόλις ξυπνήσει το πρωί, πού τρέχει;
4. Τι κάνει στην κουζίνα;
5. Πού κοιτάζει;
6. Πού ψάχνει;
7. Μετά το παγωτό, τι θέλει να φάει;
8. Και πιο ύστερα, τι θέλει να φάει;
9. Τι του αρέσει να κάνει;

Β. Λέμε «ανοίγω» την πόρτα. Πώς θα πούμε;
1. He opens the door.
2. I open the refrigerator.
3. She opens the window.
4. I open my book.
5. Do you open your notebook?

Γ. Πέστε τις ελληνικές λέξεις:

ice cream	chocolate	mind	I open
I look	he runs	he eats	potato chips

Δ. Λέμε: η βρύση   οι βρύσες*
η αυλή   οι αυλές
η βροχή   οι βροχές
*To make more than one we change the final **-η** to **-ες**.*

Πώς λέμε;   η μύτη   οι _____
η ζώνη   οι _____
η βιβλιοθήκη   οι _____

Η Αθηνά

Με ξέρετε;
Είμαι η Αθηνά.
Έχω ωραίο όνομα, δεν είναι έτσι;

Είμαι κι εγώ ένα κορίτσι σαν τα άλλα κορίτσια.
Μ' αρέσει όμως να ***ζωγραφίζω.***
Δε βλέπετε τα χέρια μου που είναι γεμάτα ***μπογιές***;
Σήμερα η μαμά ***με ρωτά***:
- Αθηνά, τι ζωγραφίζεις;
- Ζωγραφίζω κάτι πολύ ωραίο, της λέω.
- Και τι είναι αυτό "το ωραίο";
- Είναι ***η ελληνική σημαία***.
- ***Πώς*** τη ζωγραφίζεις;
- Να, ***πρώτα*** ζωγραφίζω πέντε μπλε ***γραμμές*** και ύστερα
τέσσερις άσπρες.
Στη μια ***γωνιά*** ζωγραφίζω ένα σταυρό.
Θέλεις να δεις τη σημαία;
- Α! Είναι πολύ ***όμορφη***. Μπράβο, Αθηνά. ☺

43

λεξιλόγιο - vocabulary

με ξέρετε; - do you know me?
ζωγραφίζω - I paint
δε βλέπετε; - can't you see?
η μπογιά - paint
με ρωτά - she asks me

η ελληνική σημαία - the Greek flag
πώς; - how?
πρώτα - first, first of all
οι γραμμές - lines
  η γραμμή - line
η γωνιά - corner
όμορφη - beautiful

μελέτη λέξεων - word study

η σημαία - flag
ελληνικό - Greek
το όνομα - name

Verb

εγώ	ζωγραφίζω	I draw
εσύ	ζωγραφίζεις	you draw
αυτός, αυτή, αυτό	ζωγραφίζει	he, she, it draws

Εγώ ζωγραφίζω ένα σταυρό.
Εσύ ζωγραφίζεις μια ωραία σημαία.
Η Αθηνά ζωγραφίζει πέντε μπλε γραμμές.
Αυτός, τι ζωγραφίζει;

Ερωτήσεις για την τάξη ?

Α. Ερωτήσεις:

1. Τι όνομα έχει αυτό το κορίτσι;
2. Τι αρέσει στην Αθηνά να κάνει;
3. Πώς είναι τα χέρια της;
4. Τι ρωτά η μαμά την Αθηνά;
5. Τι ζωγραφίζει η Αθηνά;
6. Πώς ζωγραφίζει την ελληνική σημαία η Αθηνά;
   Τι ζωγραφίζει πρώτα;
7. Πόσες μπλε γραμμές ζωγραφίζει;
8. Πόσες άσπρες γραμμές ζωγραφίζει;
9. Τι ζωγραφίζει στη μια γωνιά της σημαίας η Αθηνά;

Β. Πέστε τις λέξεις μαζί με το επίθετο «ελληνικός» στο σωστό τύπο:

____ σημαία	____ καφές	____ παιχνίδι
____ νησί	____ τραγούδι	____ μουσική

Γ. Κάνετε το ίδιο με το επίθετο «όμορφος»:

____ κορίτσι	____ τραγούδι	____ ζωγραφιά
____ όνομα	____ σχολείο	____ ουρανός

Δ. Λέμε: ένα κορίτσι   δυο _____

        ένα τραγούδι   τρία _____

        μια ζωγραφιά   πολλές _____

        ένα όνομα   δυο _____

        ένα σχολείο   δυο _____

Ε. Πέστε τις λέξεις στα ελληνικά:

flag	line	corner	cross
blue	red	beautiful	I draw

Μάθημα δέκατο - Lesson 10

Ο Μανόλης

Τον λένε Μανόλη.

Του αρέσουν πολύ οι **πατάτες**.

Οι τηγανιτές πατάτες.

Τις τρώει **το πρωί**, το μεσημέρι, το βράδυ.

Το πρωί τρώει **πατατάκια** από ένα **πλαστικό σακουλάκι**.

Το μεσημέρι στο σχολείο, **μαζί** με το χάμπουργκερ, παίρνει τηγανιτές πατάτες.

- Μανόλη, μην τρως τόσες πατάτες.

Δεν κάνουν καλό, του λένε ο μπαμπάς και η μαμά.

- Μα μου αρέσουν, λέει.

Πολλές φορές έχει στην **τσέπη** του ένα σακουλάκι με πατάτες και τις τρώει μια μια, όταν **δεν τον βλέπει κανένας**. ☺

λεξιλόγιο - vocabulary

η πατάτα - potato
οι τηγανιτές πατάτες - french fries
το πρωί - morning
τα πατατάκια - potato chips
πλαστικό - plastic
το σακουλάκι - little bag
μαζί - together
πολλές φορές - many times
η τσέπη - pocket
δεν τον βλέπει κανένας - nobody
  sees him

μελέτη λέξεων - word study

η πατάτα - potato
η τάξη - class
η τσέπη - pocket
το πρωί - morning
το μεσημέρι - noon
το βράδυ - night

More Than One

μου αρέσουν

Μου αρέσουν τα πατατάκια.
I like potato chips.

σου αρέσουν

Σου αρέσουν οι τηγανιτές πατάτες;
Do you like french fries?

του αρέσουν

Του αρέσουν τα πατατάκια και οι τηγανιτές πατάτες.
He likes potato chips and french fries.

Count the Numbers

1	ένα	11	έντεκα
2	δύο (δυο)	12	δώδεκα
3	τρία	13	δεκατρία
4	τέσσερα	14	δεκατέσσερα
5	πέντε	15	δεκαπέντε
6	έξι	16	δεκαέξι
7	εφτά	17	δεκαεφτά
8	οχτώ	18	δεκαοχτώ
9	εννέα (εννιά)	19	δεκαεννέα
10	δέκα	20	είκοσι

Ερωτήσεις για την τάξη ?

Α. **Ερωτήσεις:**
1. Πώς λένε αυτό το παιδί;
2. Τι πράγμα του αρέσει πολύ;
3. Τι τρώει το πρωί, το μεσημέρι και το βράδυ;
4. Από πού παίρνει τα πατατάκια του;
5. Τι τρώει το μεσημέρι στο σχολείο;
6. Τι του λένε ο μπαμπάς και η μαμά του;
7. Τι έχει πολλές φορές στην τσέπη του ο Μανόλης;

Β. **Μου αρέσει - I like**

Αρέσει remains the same while we change **μου, σου, του** etc.
Thus we say: μου αρέσει το μήλο – I like the apple
σου αρέσει το μήλο – you like the apple
and so on.
If you want to say "I like the apples" you say:
μου αρέσουν τα μήλα

Πέστε στα ελληνικά: 1. He likes the book. He likes the books.
2. You like the game.
3. You like the games.

Γ. **Count:** From 20 to 1 backwards.
From 1 to 20 by 2.
From 1 to 20 skipping the second number: 1, 3 etc.

Δ. **Λέμε:** ο αδελφός   οι αδελφοί*
ο δάσκαλος   οι δάσκαλοι
*To make more than one we change the final **-ος** to **-οι**.
      Πώς λέμε; ο ουρανός   οι _____
                    ο κύριος   οι _____

50

Μάθημα εντέκατο - Lesson 11

Η Άννα

Η Άννα όλο **μιλάει**.

Μιλάει πολύ. Τα ξέρει όλα.

Λέει κάτι **η δασκάλα**.

Η Άννα **πετιέται στη μέση**.

Η μαμά μιλάει για φαγητό.

Η Άννα ξέρει από φαγητά.

Μιλά **ο αδελφός** της για το μπάσκετ.

Αυτή ξέρει τις **ομάδες** και τα παιχνίδια.

- Εγώ τα ξέρω όλα, δεν πρέπει να πηγαίνω στο σχολείο, λέει.

- Άννα, μη μιλάς πολύ. Είσαι μικρή ακόμα.

Δεν τα ξέρεις όλα, λέει η μαμά.

- Ναι, τα ξέρω, μαμά.

- Όχι, Άννα, δεν τα ξέρεις.

Έχεις **πολλά να μάθεις** ακόμα.

51

λεξιλόγιο - vocabulary

μιλάει - she talks
η δασκάλα - teacher (woman)
πετιέται στη μέση - she gets in
the middle
ο αδελφός - brother
η ομάδα - team
πολλά να μάθεις - a lot for you to learn

μελέτη λέξεων - word study

ο αδελφός - brother
ξέρει - she knows
η δασκάλα - teacher
λέω - I say
μιλώ - I talk
ο πατέρας - father

52

Verb

εγώ λέω	I say
εσύ λες	you say
αυτός λέει	he says
αυτή λέει	she says
αυτό λέει	it says

Λέω κάτι.	I say something.
Τι λες;	What are you saying?
Μου λέει κάτι.	He tells me something.

Extra Material

καλός - good
καλή - good
καλό - good

καλός καιρός - good weather
καλή μέρα - good day
καλό φρούτο - good fruit

καλός πατέρας - good father
καλή μητέρα - good mother
καλό παιδί - good child

Ερωτήσεις για την τάξη

Α. **Ερωτήσεις:**
1. Πόσο μιλάει η Άννα;
2. Πόσα πράγματα ξέρει;
3. Τι πράγματα ξέρει η Άννα;
4. Η Άννα λέει πως δεν πρέπει να πηγαίνει σχολείο, γιατί;
5. Τι της λέει η μαμά;

Β. **Λέμε:** Εγώ λέω κάτι.
      Εσύ _____ κάτι.
      Αυτός _____ κάτι.

      Εγώ ξέρω κάτι.
      Εσύ _____ κάτι.
      Αυτή _____ κάτι.
      Αυτό το παιδί _____ κάτι.

      Εγώ μιλώ (μιλάω).
      Εσύ _____ .
      Αυτός _____ .

Γ. **Use the adjective «καλός» (in the correct form).**
1. Η μαμά είναι _____
2. Ο καιρός είναι _____
3. Ο πατέρας είναι _____
4. Ο αδελφός μου είναι _____

Δ. **Πέστε:** μια δασκάλα   δυο _____
          ένας δάσκαλος   πολλοί _____
          ένας αδελφός   δυο _____
          μια ομάδα   τρεις _____
          ένα παιχνίδι   πολλά _____

Μάθημα δωδέκατο - Lesson 12

Ο Αλέξης

Ο Αλέξης.

Του αρέσει **η μπάλα**, **το ποδόσφαιρο**.

Έχει πολλές μπάλες.

- Πόσες μπάλες έχεις, Αλέξη;

- Πολλές. Έχω κόκκινες, πράσινες, κίτρινες, άσπρες **πολύχρωμες**.

- Παίζεις μπάλα, Αλέξη;

- Ναι, παίζω, με τα άλλα παιδιά.

Παίζουμε **κάθε** απόγευμα, όταν **ο καιρός** είναι καλός.

Παίζουμε και κάθε **Σάββατο**.

- Έχετε **ομάδα**;

- Στο σχολείο μας κάθε **τάξη** έχει την ομάδα της.

Παίζουμε με τα άλλα σχολεία.

Εγώ έχω και ένα **ηλεκτρονικό παιχνίδι** για τη μπάλα.

Το παίζω με τον φίλο μου, τον Κωστάκη. ☺

λεξιλόγιο - vocabulary

η μπάλα - ball
το ποδόσφαιρο - soccer
πολύχρωμες - colorful
κάθε - every
ο καιρός - weather
το Σάββατο - Saturday
η ομάδα - team
η τάξη - class
το ηλεκτρονικό παιχνίδι - video game
  ηλεκτρονικό - electronic

μελέτη λέξεων - word study

ο καιρός - weather
η μπάλα - ball
το Σάββατο - Saturday

παίζω - I play
παίζεις - you play
παίζει - he, she, it plays

γραμματική - grammar

Η δασκάλα έχει μια μπάλα.
Παιδιά, ελάτε εδώ. Θα παίξουμε με την μπάλα:
  - Τώρα εγώ **παίζω** με την μπάλα.
Η δασκάλα δίνει την μπάλα στον Τάκη:
  - Τώρα εσύ, Τάκη, **παίζεις** με την μπάλα.
Παίρνει την μπάλα ο Γιάννης:
  - Τώρα ο Γιάννης **παίζει** με την μπάλα.
Όλοι εμείς τώρα, λέει η δασκάλα:
  - **Παίζουμε** με την μπάλα.
Η δασκάλα τώρα δεν παίζει με την μπάλα.
Λέει στα παιδιά:
  - Εσείς παιδιά τώρα, **παίζετε** με την μπάλα.
Παίρνουν την μπάλα ο Γιάννης κι ο Γιώργος.
 - Τώρα ο Γιάννης κι ο Γιώργος **παίζουν** με
   την μπάλα.

57

the colors - τα χρώματα

άσπρο - white
μαύρο - black
κόκκινο - red
πράσινο - green
κίτρινο - yellow
μπλε, γαλάζιο, γαλανό - blue
πορτοκαλί - orange
καστανό - brown

γραμματική - grammar

Verb

Ελάτε τώρα να πούμε όλοι μαζί:

εγώ	**παίζω**	I play
εσύ	**παίζεις**	you play
αυτός, αυτή, αυτό	**παίζει**	he, she, it plays
εμείς	**παίζουμε**	we play
εσείς	**παίζετε**	you play
αυτοί	**παίζουν**	they play

58

Ερωτήσεις για την τάξη

Α. **Ερωτήσεις:**
1. Τι πράγμα αρέσει στον Αλέξη;
2. Πόσες μπάλες έχει ο Αλέξης;
3. Τι χρώματα έχουν οι μπάλες;
4. Με ποιους παίζει μπάλα ο Αλέξης;
5. Πότε παίζουν τα παιδιά μπάλα;
6. Ποια μέρα παίζουν τα παιδιά ποδόσφαιρο;
7. Τι έχει κάθε τάξη του σχολείου;
8. Τι παιχνίδι έχει ο Αλέξης;

Β. **Πέστε την ελληνική λέξη:**

color	white	red	blue
green	black	yellow	brown
orange			

1. The milk is white.
2. The sea is blue.
3. The lemon is yellow.
4. The orange is orange color.
5. The sky is blue.
6. The light is red.
7. The leaf is green.
8. The leaves are brown.

Γ. **Λέμε:** Εγώ παίζω.

Τα παιδιά _____

Ο Γιάννης δεν _____

Εσείς _____;

Εσύ _____;

Ποιος δεν _____;

Γιατί αυτοί δεν _____;

Εμείς _____

Εμείς δεν _____

59

Ο Βασίλης

Ο Βασίλης είναι καλός **μαθητής**.

Του αρέσει πολύ το σχολείο.

Του αρέσει **το διάβασμα**.

- Βασίλη, **αύριο** δεν έχουμε σχολείο, **του λέμε**.

- **Κρίμα**, λέει, εγώ θέλω να έχω σχολείο.

- Τότε θα είσαι **μόνος** σου. Και η δασκάλα δε θα είναι εδώ.

Κάθε τι που είναι στην τάξη, **το αγαπά** ο Βασίλης.

Το θρανίο του, τη **βιβλιοθήκη**, τον πίνακα, τα βιβλία, τα μολύβια, τα τετράδια, τον **χάρτη**, τη **σημαία**,

ακόμα και τις **κιμωλίες**.

Βασίλη, τι θα γίνεις **όταν μεγαλώσεις**;

- **Δάσκαλος**, **απαντάει** ο Βασίλης. ☺

λεξιλόγιο - vocabulary

ο μαθητής - pupil (boy)
το διάβασμα - reading
αύριο - tomorrow
του λέμε - we tell him
κρίμα - it is a pity
μόνος - alone
κάθε τι - every single thing
το αγαπά - he loves it
η βιβλιοθήκη - bookcase
ο χάρτης - map
η σημαία - flag
η κιμωλία - chalk
όταν μεγαλώσεις - when you grow up
ο δάσκαλος - teacher (male)
απαντάει - he answers

μελέτη λέξεων - word study

το βιβλίο - book
η βιβλιοθήκη - bookcase
το θρανίο - desk (student's)
το μολύβι - pencil
ο πίνακας - board
το τετράδιο - notebook
ο μαθητής - pupil (boy)
ο δάσκαλος - teacher (man)
αγαπώ - I love
αύριο - tomorrow

Verb

εγώ	είμαι	I am
εσύ	είσαι	you are
αυτός, αυτή, αυτό	είναι	he, she, it is
εμείς	είμαστε	we are
εσείς	είστε	you are
αυτοί	είναι	they are

Εγώ είμαι ένας μαθητής.	I am a pupil.
Εσύ είσαι μια μαθήτρια.	You are a pupil.
Αυτή είναι μια δασκάλα.	She is a teacher.
Αυτός είναι ένας δάσκαλος.	He is a teacher.
Εμείς είμαστε μαθητές.	We are pupils.
Εσείς είστε μαθήτριες.	You are pupils.
Αυτοί είναι δάσκαλοι.	They are teachers.

Ερωτήσεις για την τάξη

Α. Ερωτήσεις:

1. Τι μαθητής είναι ο Βασίλης;
2. Τι του αρέσει;
3. Τι λέει, όταν δεν έχει σχολείο;
4. Τι αγαπά ο Βασίλης;
5. Τι θα γίνει ο Βασίλης, όταν μεγαλώσει;

Β. Πέστε την ελληνική λέξη:

book   bookcase   desk   blackboard
tablet   teacher (male)   teacher (female)   pupil (boy)
pupil (girl)

Γ. Να συμπληρώσετε (complete) με το ρήμα «είμαι»;

Στην τάξη _____ δέκα μαθητές και δέκα μαθήτριες.

Ένα παιδί δεν _____ τώρα στην τάξη.

Ποιος _____ εσύ;

Εγώ _____ ο Τάσος.

Γιάννη και Γιώργο, πού _____;

Εμείς _____ έξω στην αυλή του σχολείου.

Η Μαρία πού _____;

Λέμε: ένας μαθητής   δυο μαθητές*
        ένας χάρτης   δυο χάρτες

*To show more than one we change the final **-ης** to **-ες**.*

Πώς λέμε; ένας μαθητής   πέντε _____
              ένας χάρτης   τρεις _____

Μάθημα δέκατο τέταρτο - Lesson 14

Η Βαγγελιώ

Της αρέσει να **χορεύει**.
Χορεύει έναν ελληνικό **χορό**.
- Μαμά, **βάλε** λίγη **μουσική**, σε **παρακαλώ**!
- Τι μουσική, Βαγγελιώ;
- Μουσική για χορό. Βάλε το πιο ωραίο **τραγούδι**.
- Και **ποιο** είναι αυτό το τραγούδι;
- Δεν το ξέρεις, μαμά; Το τραγούδι που έχει το όνομά μου.
- Και ποιο είναι;
- Είναι το "Ένα νερό κυρά Βαγγελιώ".
- Α, αυτό είναι; Είναι **ωραίο** τραγούδι;
- Ναι, μου αρέσει πολύ, μαμά.
- Ξέρεις **πώς το χορεύουν**;
- Ξέρω. **Το μάθαμε** στο ελληνικό σχολείο.
- Θέλεις να χορέψουμε μαζί;
- Το θέλω πολύ, μαμά. Σε **ευχαριστώ**! ☺

64

λεξιλόγιο - vocabulary

χορεύει - she dances
ο χορός - dance
βάλε! - put!
η μουσική - music
παρακαλώ - please
το τραγούδι - song
ποιο; - which?
ωραίο - beautiful
πώς το χορεύουν; - how is it danced?
το μάθαμε - we learned it
  μαθαίνω - I learn
ευχαριστώ - thank you

μελέτη λέξεων - word study

ελληνικός - Greek
το όνομα - name
παρακαλώ - please
χορεύω - I dance
ο χορός - dance

Verb

εγώ	χορεύω	I dance
εσύ	χορεύεις	you dance
αυτός, αυτή, αυτό	χορεύει	he, she, it dances
εμείς	χορεύουμε	we dance
εσείς	χορεύετε	you dance
αυτοί	χορεύουν	they dance

Εγώ χορεύω πολύ ωραία.
Εσύ χορεύεις λίγο.
Η Βαγγελιώ χορεύει έναν ελληνικό χορό.

Εμείς χορεύουμε με μουσική.
Εσείς χορεύετε με ελληνική μουσική.
Αυτοί τι χορεύουν;

Ερωτήσεις για την τάξη ❓

Α. **Ερωτήσεις:**

1. Τι αρέσει στη Βαγγελιώ;
2. Τι χορό χορεύει η Βαγγελιώ;
3. Με τι τραγούδι θέλει να χορέψει η Βαγγελιώ;
4. Γιατί θέλει να χορέψει με αυτό το τραγούδι;
5. Ποιο είναι αυτό το τραγούδι;
6. Πού έμαθε να χορεύει ελληνικό χορό η Βαγγελιώ;
7. Τι λέει στη μαμά της η Βαγγελιώ;

Β. **Λέμε:** Εγώ χορεύω.

Εσύ _____
Τα παιδιά _____
Ο Ντίνος δε _____
Όλοι οι μαθητές _____
Και οι μαθήτριες _____
Εσείς _____;
Όχι, εμείς δε _____
Ποιος _____;
Όλοι _____

Γ. **Πέστε τα πολλά:** Ο μαθητής παίζει.   Οι _____
Η μαθήτρια χορεύει.   Οι _____
Το παιδί πίνει.   Τα _____

Ο Μίμης

- Είμαι ο Μίμης, το πιο καλό παιδί. Με λένε και Δημήτρη.
- Γιατί λες ότι είσαι το **πιο** καλό παιδί, Μίμη;
- Είμαι καλό παιδί γιατί το λέει **όλος ο κόσμος**.
- Το λένε ο μπαμπάς και η μαμά, **ο παππούς** και **η γιαγιά**.
- Είμαι καλό παιδί γιατί τρώω όλο **το φαγητό** μου.
- Πίνω το γάλα μου.
- Πηγαίνω στο ελληνικό σχολείο.
- Διαβάζω **τα μαθήματά** μου.
- Διαβάζω **παιδικά βιβλία**.
- Είμαι **καθαρό** παιδί.
- **Κρατώ** τα βιβλία μου και τα τετράδιά μου καθαρά.
Ακούω τον μπαμπά και τη μαμά. **Γι' αυτό** είμαι καλό παιδί.

λεξιλόγιο - vocabulary

πιο - more
όλος ο κόσμος - all the people
ο παππούς - grandfather
η γιαγιά - grandmother
το φαγητό - food
τα μαθήματα - lessons
τα παιδικά βιβλία - children's
  books
καθαρό - clean
κρατώ - I keep
ακούω - I listen to
γι' αυτό - for this, therefore

μελέτη λέξεων - word study

Είμαι καλό αγόρι. - I am a good boy.
Γίνομαι καλό παιδί. - I become a good child.
το παιδικό βιβλίο - a children's book
το καθαρό χέρι - a clean hand

γραμματική - grammar

Verb

εγώ	γίνομαι	I become
εσύ	γίνεσαι	you become
αυτός, αυτή, αυτό	γίνεται	he, she, it becomes

Εγώ μεγαλώνω και γίνομαι δυνατός.
Εσύ τι γίνεσαι;
Αυτό γίνεται κάθε Κυριακή.

70

Ερωτήσεις για την τάξη

A. Ερωτήσεις:

1. Ποιο είναι το καλό παιδί;
2. Πώς αλλιώς (differently) λένε τον Μίμη;
3. Ποιοι λένε πως ο Μίμης είναι καλό παιδί;
4. Γιατί ο Μίμης λέει πως είναι καλό παιδί;
5. Τι κάνει το φαγητό του ο Μίμης;
6. Τι πίνει ο Μίμης;
7. Σε ποιο σχολείο πηγαίνει;
8. Τι διαβάζει ο Μίμης;
9. Πώς κρατά τα βιβλία του;
10. Ποιους ακούει ο Μίμης;

B. Πέστε στα ελληνικά αυτές τις λέξεις:

people	boy	child
I listen	I keep	a child's book
food, meal	the lesson	I become

Γ. Λέμε:

ένα παιδικό βιβλίο   δυο _____

ένα μάθημα   δυο _____

ένα καθαρό χέρι   δυο _____

Η Μαρία

Η Μαρία αγαπάει πολύ τα **λουλούδια**.
Της αρέσουν πολύ τα λουλούδια.
Κόβει λουλούδια από την **αυλή** της.
Όπου βρει λουλούδια τα κόβει.
Κόβει **βιολέτες**. Κόβει **τριαντάφυλλα**. Κόβει **γιασεμιά**.

Η Μαρία τώρα πηγαίνει να κόψει λουλούδια από μια αυλή.
Τα άλλα κορίτσια **το ξέρουν**.
Θέλουν **να πειράξουν** λίγο τη Μαρία.
Κρύβονται πίσω από ένα **θάμνο** και **μόλις** τη βλέπουν
αρχίζουν το τραγουδάκι:

- *Πού θα πας κυρά-Μαρία,* **δεν περνάς**, *δεν περνάς.*
Και η Μαρία λέει:
- *Θε να πάω εις τον* **κήπο** *και* **περνώ**, *περνώ.*
- **Τι θα κάνεις** *εις τον κήπο, δεν περνάς, δεν περνάς!*
- *Θε να κόψω δυο βιολέτες και περνώ, περνώ...* ☺

λεξιλόγιο - vocabulary

το λουλούδι - flower
η αυλή - yard
όπου βρει - wherever she finds
η βιολέτα - violet
το τριαντάφυλλο - rose
το γιασεμί - jasmine
το ξέρουν - they know it
να πειράξουν - to tease
κρύβονται - they hide themselves
πίσω - behind
ο θάμνος - bush
μόλις - as soon as
δεν περνάς - you cannot pass
ο κήπος - garden
περνώ - I pass
τι θα κάνεις; - what will you do?

Verb

εγώ	**κόβω**	I cut
εσύ	**κόβεις**	you cut
αυτός, αυτή, αυτό	**κόβει**	he, she, it cuts
εμείς	**κόβουμε**	we cut
εσείς	**κόβετε**	you cut
αυτοί	**κόβουν**	they cut

Εγώ κόβω τριαντάφυλλα.
Εσύ κόβεις λουλούδια από την αυλή.
Αυτός, τι κόβει;
Η Μαρία κόβει βιολέτες από τον κήπο.

Εμείς κόβουμε πολλά τριαντάφυλλα.
Εσείς κόβετε πολλά λουλούδια από την αυλή.
Αυτοί, τι κόβουν;

Ερωτήσεις για την τάξη ❓

Α. **Ερωτήσεις:**
1. Τι αγαπάει η Μαρία;
2. Από πού κόβει λουλούδια;
3. Τι κόβει από την αυλή της;
4. Τι λουλούδια κόβει;
5. Τι είναι τα τριαντάφυλλα;
6. Γιατί πηγαίνει η Μαρία σε μια άλλη αυλή;
7. Τι θέλουν να κάνουν τα άλλα κορίτσια;
8. Πού κρύβονται τα κορίτσια;
9. Τι τραγουδάκι τραγουδούν τα κορίτσια;

Β. **Λέμε:** Ένα λουλούδι   Πολλά _____
Ένα τριαντάφυλλο   Τρία _____
Μια βιολέτα   Πολλές _____
Ένα γιασεμί   Δυο _____

Γ. **Λέμε:** Εγώ κόβω.
Τα παιδιά _____
Η Μαρία _____
Εσείς _____
Εμείς _____
Ο Τάσος δεν _____
Τα κορίτσια _____
Τα αγόρια δεν _____

Δ. **Use these words to complete the sentences:**
ψαλίδι   στυλό   μπάλα   ποτήρι
Γράφω με το _____
Κόβω με το _____
Πίνω με το _____
Παίζω με την _____

75

Η Κούλα

Είμαι η Κούλα.

Πηγαίνω περίπατο στο ***πάρκο***. Εκεί βλέπω μια ***λίμνη***.

Μέσα στη λίμνη ***κολυμπούν*** μερικά ***πουλιά***.

Άλλα πουλιά είναι έξω από τη λίμνη.

Περπατούν στο χορτάρι και άλλα ***πετούν*** στον ***αέρα***.

Τα πουλιά αυτά είναι ***πάπιες***.

Μια πάπια μπορεί να κολυμπάει στο νερό. Μπορεί να πετά στον αέρα. Μπορεί ακόμα να περπατάει στην ***ξηρά***.

- ***Κοίταξε*** αυτή την πάπια, λέει η Κούλα.

- Ποια πάπια; ρωτάει η Σοφία.

- Να, ***εκείνη*** την πάπια.

- Μα ποια πάπια;

- Να, εκείνη!

Η Σοφία ρωτάει:

- Μια πάπια, μα ποια πάπια;

Και η Κούλα της λέει:
- **Μπορείς** να πεις *πολλές φορές γρήγορα*;
«Μια πάπια, μα ποια πάπια;»

λεξιλόγιο - vocabulary

πηγαίνει - she goes
ο περίπατος - walk
το πάρκο - park
η λίμνη - lake
μέσα - inside
κολυμπούν - they swim
  κολυμπώ - I swim
το πουλί - bird
περπατούν - they walk
πετούν - they fly
  πετώ - I fly
ο αέρας - air
η πάπια - duck
η ξηρά - land
κοίταξε! - look!
  κοιτάζω - I look
εκείνη - that one
μπορείς; - can you?
πολλές φορές - many times
γρήγορα - quickly

μελέτη λέξεων - word study

έξω - out, outside
γρήγορα - quickly
το πάρκο - park
ο περίπατος - walk
περπατώ - I walk
το πουλί - bird

γραμματική - grammar

Verb

εγώ	περπατώ	I walk
εσύ	περπατάς	you walk
αυτός, αυτή, αυτό	περπατά	he, she, it walks
εμείς	περπατ-άμε, -ούμε	we walk
εσείς	περπατάτε	you walk
αυτοί	περπατούν	they walk

Ερωτήσεις για την τάξη

A. **Ερωτήσεις:**

1. Πού πηγαίνει περίπατο η Κούλα;
2. Τι βλέπει η Κούλα στο πάρκο;
3. Τι κολυμπούν μέσα στη λίμνη;
4. Τι πουλιά είναι;
5. Τι άλλο κάνουν αυτά τα πουλιά;
6. Τι μπορεί να κάνει μια πάπια;
7. Μπορείς να πεις γρήγορα πολλές φορές «μια πάπια, μα ποια πάπια»;

B. **Λέμε:** Εγώ περπατώ.

Εσύ _____
Αυτοί _____
Η Άννα και η Ελένη _____
Ο Γιώργος δεν _____
Ποιο κορίτσι _____;
Κανένα κορίτσι δεν _____
Εσείς _____ στο σχολείο;
Όχι, εμείς δεν _____ στο σχολείο.

Γ. **Λέμε:** ο πατέρας   father   οι πατέρες*   fathers

*To form the plural we change the final **-ας** to **-ες**.*

Πώς λέμε; ο χειμώνας   οι _____
            ο πίνακας   οι _____

Μάθημα δέκατο όγδοο - Lesson 18

Η Κατερίνα

- Κατερίνα, τι έχεις στο χέρι σου;
- Να, **δες**, δεν ξέρεις τι είναι;
- Όχι δεν ξέρω.
- Είναι μια **σοκολάτα**. Θέλεις **λίγη**;
- Όχι, ευχαριστώ, δε μου αρέσει η σοκολάτα.
- **Εμένα, μου αρέσει πολύ**.
- Κάθε μέρα τρώω μια μικρή σοκολάτα.
- Μα δεν κάνει καλό να τρως πολλές σοκολάτες.
- Αφού μου αρέσουν; Πίνω ακόμα γάλα με κακάο.
Και όταν πηγαίνω έξω, πίνω ένα μιλκσέικ όλο σοκολάτα.
- Γι' αυτό τα παιδιά σε λένε «Σοκολατού». ☺

λεξιλόγιο - vocabulary

δες! - see!, look!
το κακάο - chocolate powder
λίγη - a little, some
εμένα μου αρέσει πολύ - I like it a lot
δε με πειράζει - it does not bother me

μελέτη λέξεων - word study

η σοκολάτα - chocolate
θέλω - I want
λίγο - a little
το χέρι - hand

81

γραμματική - grammar

Verbs you already know

εγώ	τρώω	I eat
εσύ	τρως	you eat
αυτός, αυτή, αυτό	τρώει	he, she, it eats
εμείς	τρώμε	we eat
εσείς	τρώτε	you eat
αυτοί	τρώνε	they eat
εγώ	θέλω	I want
εσύ	θέλεις	you want
αυτός, αυτή, αυτό	θέλει	he, she, it wants
εμείς	θέλουμε	we want
εσείς	θέλετε	you want
αυτοί	θέλουν	they want

Ερωτήσεις για την τάξη

A. **Ερωτήσεις:**

1. Τι έχει η Κατερίνα στο χέρι της;
2. Τι τρώει κάθε μέρα η Κατερίνα;
3. Τι λένε στην Κατερίνα οι άλλοι;
4. Γιατί η Κατερίνα τρώει πολλές σοκολάτες;
5. Τι βάζει στο γάλα που πίνει;
6. Τι πίνει, όταν πηγαίνει έξω;
7. Τι όνομα δίνουν τα παιδιά στη Κατερίνα;

B. **Λέμε:** Εγώ τρώω.

    Εσύ _____

    Τα παιδιά _____

    Ο παππούς δεν _____

    Εσύ τι _____;

    Εσείς τι _____;

    Εμείς _____

Γ. **Λέμε:** Εγώ έχω μια σοκολάτα.

    Ο Μανόλης έχει δυο _____

    Η Άννα έχει ένα καλό βιβλίο.

    Η Ελένη έχει πολλά _____

    Ο Ανδρέας έχει ένα όνομα.

    Ο Τάσος έχει δυο _____

    Το βιβλίο έχει μια φωτογραφία.

    Τα βιβλία έχουν πολλές _____

Δ. **Πέστε στα ελληνικά:**

1. I want a chocolate.
2. I have a chocolate.
3. I eat a chocolate.
4. I like chocolates.

Η Ανθούλα

Η Ανθούλα έχει ένα *γατάκι*.

Είναι μικρό, *όμορφο* και πολύ *χαδιάρικο*.

Είναι άσπρο με μικρά, μαύρα *σημάδια* στη μύτη και στην *ουρά*.

Η Ανθούλα το *πλένει* και το *ταΐζει*.

Όταν η Ανθούλα διαβάζει, το γατάκι *έρχεται* και *κάθεται* στα πόδια της. Το βράδυ πηγαίνει στο κρεβάτι της.

Η Ανθούλα το *αφήνει* για λίγο *κοντά της* και *ύστερα το βάζει* στο κρεβατάκι του, που είναι σε μια *γωνιά* στο δωμάτιο.

Η Ανθούλα αγαπά πολύ το γατάκι της.

λεξιλόγιο - vocabulary

το γατάκι - kitten
όμορφο - pretty, beautiful
χαδιάρικο - playful
το σημάδι - mark, spot
η ουρά - tail
πλένει - she washes
ταΐζει - she feeds
έρχεται - it comes
κάθεται - it sits
αφήνει - she lets, she allows
κοντά της - close to her
ύστερα - later
το βάζει - she puts it
η γωνιά - corner

μελέτη λέξεων - word study

το γατάκι - kitten
το κρεβάτι - bed
η μύτη - nose
όμορφο - pretty, beautiful
το πόδι - foot

Verb

εγώ	κάθομαι	I sit
εσύ	κάθεσαι	you sit
αυτός, αυτή, αυτό	κάθεται	he, she, it sits

Το γατάκι κάθεται στα πόδια της Ανθούλας.
Εγώ δεν κάθομαι στο δωμάτιο.
Εσύ κάθεσαι σε μια γωνιά.

Ερωτήσεις για την τάξη

A. **Ερωτήσεις:**

1. Τι έχει η Ανθούλα;
2. Πώς είναι το γατάκι;
3. Τι χρώμα είναι το γατάκι;
4. Τι κάνει η Ανθούλα το γατάκι της;
5. Τι κάνει το γατάκι, όταν η Ανθούλα διαβάζει;
6. Πού πηγαίνει το βράδυ το γατάκι;
7. Έχει το γατάκι ένα κρεβατάκι;
   Πού είναι αυτό το κρεβατάκι;
8. Αγαπά η Ανθούλα το γατάκι της;

B. **Λέμε:** ένα γατάκι   δυο _____
            ένα κρεβάτι   δυο _____
            ένα κρεβατάκι   τρία _____
            μια μύτη   δυο _____
            ένα πόδι   δυο _____

Γ. **Λέμε:** Εγώ κάθομαι.
            Εσύ _____
            Ο Γιάννης _____
            Εσύ, πού _____;
            Εγώ _____;

Δ. **Πέστε στα ελληνικά:**

1. a white kitten
2. a small bed
3. a black spot
4. near the corner
5. It sits at her feet.

Ο Κώστας

Γαβ, γαβ, γαβ!
- ***Κάθισε κάτω Μαυρούλη***.
Τι έχεις και ***γαυγίζεις***; Πεινάς;
Ο Μαυρούλης είναι **το σκυλάκι** του Κώστα.
Είναι ένα σκυλάκι **ολόμαυρο**.
Είναι μικρό, ***ζωηρό***, ***έξυπνο*** και πολύ ***αγαπητό***.
Όλοι στο σπίτι το αγαπούν.
Πιο πολύ όμως, το αγαπά ο Κώστας.
Του δίνει φαγητό.
Το ***καθαρίζει***, του κάνει μπάνιο.
Χτενίζει τα ***πυκνά*** μαλλιά του.
Το πηγαίνει περίπατο στον δρόμο.

Μα και το σκυλάκι αγαπά πολύ τον Κώστα.
Είναι όλο κοντά του.
Πέφτει στα πόδια του.
Όταν ο Κώστας έρχεται σπίτι, ο Μαυρούλης τρέχει
να τον καλωσορίσει. 😊

λεξιλόγιο - vocabulary

κάθισε κάτω! - sit down!
Μαυρούλη - Blackie
γαυγίζεις - you bark
το σκυλάκι - puppy
ολόμαυρο - all black
ζωηρό - lively
έξυπνο - smart
αγαπητό - lovable
του δίνει - he gives him
καθαρίζει - he cleans
χτενίζει - he combs
πυκνά - thick
πέφτει - it falls
να τον καλωσορίσει - to
   welcome him

μελέτη λέξεων - word study

ο δρόμος - road, street
έρχομαι - I come
έξυπνος - smart
καθαρίζω - I clean
το μπάνιο - bath
χτενίζω - I comb

γραμματική - grammar

Verb

εγώ	έρχομαι	I come
εσύ	έρχεσαι	you come
αυτός, αυτή, αυτό	έρχεται	he, she, it comes

Ο Κώστας έρχεται στο σπίτι.
Ο Κώστας έρχεται με τον Μαυρούλη.

Εγώ έρχομαι με τον Κώστα και τον Μαυρούλη.
Εσύ έρχεσαι;
Εγώ δεν έρχομαι. Έρχεται ο Κώστας.

90

Ερωτήσεις για την τάξη ❓

Α. **Ερωτήσεις:**

1. Τι έχει ο Κώστας;
2. Πώς λένε το σκυλάκι του Κώστα;
3. Τι χρώμα είναι το σκυλάκι;
4. Πώς είναι το σκυλάκι;
5. Ποιος αγαπά το σκυλάκι πιο πολύ;
6. Τι δίνει ο Κώστας στο σκυλάκι;

Β. **Εγώ καθαρίζω.** Εσύ _____

Η μητέρα _____ το σπίτι.

Ο Κώστας _____ το θρανίο του.

Εσύ, _____ το γραφείο σου;

Ναι, το _____ κάθε μέρα.

Γ. **Εγώ έρχομαι.** Εσύ _____

Αυτός δεν _____

Ποιος _____;

Δ. **Λέμε:** ο Κώστας

Ο Κώστας είναι καλό παιδί.

του Κώστα

Το σκυλάκι **του Κώστα** είναι χαδιάρικο.

Ο πατέρας έχει ένα αυτοκίνητο.	father
Το αυτοκίνητο **του πατέρα** είναι μαύρο.	father's

Ο δρόμος έχει φώτα.	street
Τα φώτα **του δρόμου** είναι πολλά.	of the street

το όνομα (ο θεός) _____

το χρώμα (ο πίνακας) _____

91

Ο Μιχάλης

Ο Μιχάλης, του αρέσει *το παγωτό*.

Μόλις φάει ένα *χωνάκι*, θέλει άλλο.

- Μαμά, *έχεις* άλλο παγωτό;

- Όχι, δεν έχω άλλο.

- Μα θέλω λίγο ακόμα.

- Μιχάλη, *έφαγες* δυο χωνάκια. Δε σου δίνω άλλο. Φτάνει πια. Δεν πρέπει να φας άλλο παγωτό.

- Θέλω κι άλλο, γιατί μου αρέσει.

- Ξέρεις ότι δεν κάνει να τρως πολύ παγωτό;

- Εγώ θέλω να το τρώω κάθε πρωί, μεσημέρι και βράδυ.

- *Δεν ακούς* τι σου λέω; Δεν κάνει να τρως πολύ παγωτό.

- Ω, μαμά, γιατί είσαι τόσο *κακιά*;

- Δεν είμαι κακιά. Το καλό σου θέλω.

λεξιλόγιο - vocabulary

το παγωτό - ice cream
το χωνάκι - cone
έχεις; - do you have?
έφαγες - you ate
δεν ακούς; - do you not listen?
κακιά - bad

μελέτη λέξεων - word study

δίνω - I give
το παγωτό - ice cream

γραμματική - grammar

Verb

εγώ	δίνω	I give
εσύ	δίνεις	you give
αυτός, αυτή, αυτό	δίνει	he, she, it gives
εμείς	δίνουμε	we give
εσείς	δίνετε	you give
αυτοί	δίνουν	they give

Σου δίνω.	I give you.
Μου δίνεις.	You give me.
Του δίνω.	I give him.
Του δίνει.	He (she, it) gives him.
Της δίνει.	He (she, it) gives her.

Ερωτήσεις για την τάξη ?

Α. **Ερωτήσεις:**
1. Τι αρέσει στον Μιχάλη;
2. Τι ρωτά τη μαμά του;
3. Πόσα χωνάκια παγωτό έφαγε ο Μιχάλης;
4. Γιατί η μαμά του δεν του δίνει άλλο παγωτό;
5. Πότε θέλει να τρώει παγωτό ο Μιχάλης;
6. Τι λέει στη μαμά του ο Μιχάλης;
7. Τι απαντά η μαμά του;

Β. **Λέμε:** Εγώ δίνω.

Εγώ σου _____ κάτι.
Εσύ μου _____ ένα μολύβι.
Τα παιδιά _____ λεφτά από τον κουμπαρά τους.
Εμείς _____ δώρα στα παιδιά.
Εσείς τι _____ στα παιδιά;

Γ. **Can you say these is Greek?**
1. I give you.
2. He gives me.
3. I give her.
4. We give you.
5. We give them.
6. ice-cream
7. morning
8. noon
9. evening
10. night

Ο Γιώργος

Εγώ είμαι ο Γιώργος.

Είμαι ένα πολύ καλό παιδί.

Ο μπαμπάς και η μαμά **με αγαπούν** πολύ.

Έχω και ένα μικρό **αδελφάκι**.

Είναι ακόμα **μωρό**. Δεν είναι καλό παιδί.

Όλο **κλαίει** και **φωνάζει**.

Μα ο μπαμπάς και η μαμά το αγαπούν κι εκείνο, όπως αγαπούν κι εμένα. Μα κι εγώ το αγαπώ.

Δε με πειράζει που κλαίει.

Κι εγώ **το ίδιο έκανα, όταν ήμουν μωρό.** ☺

λεξιλόγιο - vocabulary

με αγαπούν - they love me
το αδελφάκι - little brother
το μωρό - baby
κλαίει - he cries
φωνάζει - he shouts
μα - but
δε με πειράζει - it does not bother me
το ίδιο έκανα - I did the same
όταν ήμουν μωρό - when I was a baby

μελέτη λέξεων - word study

ο μπαμπάς, ο πατέρας - father
η μαμά, η μητέρα - mother
το παιδί - child
το αγόρι - boy
το κορίτσι - girl
ο αδελφός - brother
η αδελφή - sister
ο παππούς - grandfather
η γιαγιά - grandmother

Verb

εγώ	αγαπώ	I love
εσύ	αγαπάς	you love
αυτός, αυτή, αυτό	αγαπ-ά, -άει	he, she, it loves
εμείς	αγαπ-άμε, -ούμε	we love
εσείς	αγαπάτε	you love
αυτοί	αγαπούν	they love

Αγαπούμε τον μπαμπά και τη μαμά.
We love father and mother.

Ο Γιάννης αγαπά τον παππού του.
John loves his grandfather.

Ερωτήσεις για την τάξη

Α. Ερωτήσεις:
1. Τι παιδί είναι ο Γιώργος;
2. Ποιοι αγαπούν τον Γιώργο;
3. Τι έχει ο Γιώργος;
4. Πώς είναι το αδελφάκι του Γιώργου;
5. Τι κάνει το αδελφάκι του Γιώργου;
6. Ο Γιώργος λέει πως το αδελφάκι του δεν είναι καλό. Γιατί;
7. Αγαπά ο Γιώργος το αδελφάκι του;

Β. Say all the persons of the verb «αγαπώ».

εγώ _____   εμείς _____
εσύ _____   εσείς _____
αυτός _____   αυτοί _____
αυτή _____
αυτό _____

Γ. Πώς λέμε στα ελληνικά;

father   grandfather   brother   girl   child
mother   grandmother   sister   boy

Δ. Λέμε: ένας πατέρας   a father
              δυο πατέρες*   two fathers
*To make the plural (more than one) the **-ας** is changed to **-ες**.*

Πώς λέμε; ένας πίνακας   δυο _____

99

Μάθημα εικοστό τρίτο - Lesson 23

Ο Ηλίας

Είμαι ο Ηλίας.

Έχω ένα **καινούργιο ποδήλατο**.

Είναι μπλε. Είναι πολύ ωραίο.

Είναι **δώρο** από τον μπαμπά και τη μαμά για **τα γενέθλιά** μου.

Μου αρέσει να πηγαίνω **εδώ κι εκεί** με το ποδήλατο.

Δεν πηγαίνω στον δρόμο, γιατί ο μπαμπάς μου λέει:

- Είσαι μικρός ακόμα. **Μη βγαίνεις** στον δρόμο.

Μόνο στο σπίτι και στην αυλή να πηγαίνεις.

Κι εγώ **ακούω** τον μπαμπά.

Μου αρέσει πολύ το ποδήλατό μου.

Το **καθαρίζω**, το **πλένω**, το **γυαλίζω**.

☺

λεξιλόγιο - vocabulary

καινούργιο - new
το ποδήλατο - bicycle
το δώρο - gift
τα γενέθλια - birthday
εδώ κι εκεί - here and there
μη βγαίνεις! - do not go out!
ακούω - I listen to
καθαρίζω - I clean
πλένω - I wash
γυαλίζω - I shine

μελέτη λέξεων - word study

τα γενέθλια - birthday
το δώρο - gift
εδώ - here
εκεί - there
πλένω - I wash
το ποδήλατο - bicycle

101

Verb

εγώ	πλένω	I wash
εσύ	πλένεις	you wash
αυτός, αυτή, αυτό	πλένει	he, she, it washes
εμείς	πλένουμε	we wash
εσείς	πλένετε	you wash
αυτοί	πλένουν	they wash

Εγώ πλένω το ποδήλατό μου.
Εσύ τι πλένεις;
Ο Ηλίας πλένει το καινούργιο ποδήλατό του.

Εμείς πλένουμε τα ποδήλατά μας.
Εσείς τι πλένετε;
Αυτοί πλένουν τα καινούργια ποδήλατά τους.

Ερωτήσεις για την τάξη

Α. **Ερωτήσεις:**

1. Τι έχει ο Ηλίας;
2. Τι χρώμα είναι το ποδήλατο;
3. Από ποιους είναι δώρο το ποδήλατο;
4. Πού πηγαίνει ο Ηλίας με το ποδήλατο;
5. Πηγαίνει στο σχολείο με το ποδήλατό του ο Ηλίας;
6. Τι κάνει ο Ηλίας το ποδήλατό του;
7. Τι λέει ο πατέρας στον Ηλία; Πού του λέει να μην πηγαίνει με το ποδήλατο;
8. Ακούει ο Ηλίας τον πατέρα του;

Β. **Λέμε:** Πλένω.

Εγώ _____ τα χέρια μου.
Ο Ηλίας _____ το ποδήλατό του.
Ο Νίκος _____ το πρόσωπό του.
Τα κορίτσια _____ τα ρούχα τους.
Εμείς _____ το αυτοκίνητο του πατέρα.
Εσείς _____ τα χέρια σας πριν από το φαγητό;
Εσύ _____ τα χέρια σου;

Γ. **Λέμε:** ένα ποδήλατο   δυο _____
ένα δώρο   δυο _____
ένας δρόμος   δυο _____
ένας πατέρας   δυο _____
ένας αγώνας   δυο _____

Δ. **Πέστε στα ελληνικά:**

1. my birthday   3. here, there
2. many gifts   4. a new bicycle

Ο Θοδωρής

Ο Θοδωρής **μαζεύει μικρά αυτοκίνητα**.

Έχει **μανία** με τα αυτοκίνητα.

Έχει άσπρα, κόκκινα, κίτρινα, πράσινα, μαύρα,
μικρά και μεγάλα.

- Τι δώρο θέλεις, Θοδωρή, για τα γενέθλιά σου;

- Ένα **αυτοκινητάκι**, **απαντά**.

Πάλι αυτοκινητάκι. **Το δωμάτιό** του είναι γεμάτο με
αυτοκινητάκια. **Τα βάζει** στο **πάτωμα** στη **σειρά**.

Και κάνει πως τα αυτοκινητάκια **τρέχουν**.

Τρέχει το ένα πίσω από το άλλο.

- Αυτό τρέχει πιο πολύ, λέει και **ξεπερνά** το άλλο.

Αυτό το αυτοκινητάκι είναι ένα κίτρινο **λεωφορείο**.
Πηγαίνει τα παιδιά στο σχολείο.
Α! Πόσο μου αρέσουν τα αυτοκινητάκια!
Όταν μεγαλώσω, θα αγοράσω το πιο μεγάλο αυτοκίνητο.

λεξιλόγιο - vocabulary

μαζεύει - he collects
μικρά - small
το αυτοκίνητο - car
μανία - passion
το αυτοκινητάκι - toy car
απαντά - he answers
  απαντώ - I answer

το δωμάτιο - room
τα βάζει - he puts them
το πάτωμα - floor
η σειρά - line
τρέχουν - they run
ξεπερνά - it passes
το λεωφορείο - bus
όταν μεγαλώσω - when I grow up

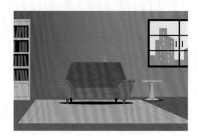

105

μελέτη λέξεων - word study

το αυτοκίνητο - car
η κάμαρα - room
το λεωφορείο - bus

γραμματική - grammar

Study & Memorize

ο δάσκαλος - the teacher   **οι δάσκαλοι** - the teachers
ο δρόμος - the street   **οι δρόμοι** - the streets
ο φίλος - the friend   **οι φίλοι** - the friends

Πόσα αυτοκινητάκια έχεις;

**Δέκα, έντεκα, δώδεκα, δεκατρία,
δεκατέσσερα, δεκαπέντε, δεκαέξι,
δεκαεφτά, δεκαοχτώ, δεκαεννιά, είκοσι.
Έχω είκοσι αυτοκινητάκια.**

Ερωτήσεις για την τάξη

A. **Ερωτήσεις:**
1. Τι μαζεύει ο Θοδωρής;
2. Με τι έχει μανία ο Θοδωρής;
3. Τι χρώμα έχουν τα αυτοκίνητα του Θοδωρή;
4. Είναι μικρά τα αυτοκίνητα;
5. Τι θέλει για τα γενέθλιά του Θοδωρής;
6. Από τι είναι γεμάτο το δωμάτιό του;
7. Πού βάζει τα αυτοκίνητα ο Θοδωρής;
8. Που τρέχουν τα αυτοκίνητα;
9. Είναι και ένα λεωφορείο στα αυτοκίνητα;
10. Τι χρώμα έχει το λεωφορείο;
11. Τι κάνει το λεωφορείο;

B. **Πέστε στα ελληνικά:**

birthday	the bus	a room	the floor
I run	the car	small	big

Γ. **Λέμε:** ένα αυτοκίνητο   δυο _____
        ένας δρόμος   τρεις _____
        ένας δάσκαλος   δυο _____
        ένας φίλος   τρεις _____
        ένα πάτωμα   δυο _____
        ένα λεωφορείο   τέσσερα _____

Δ. **Πώς λέμε στα ελληνικά;**
1. thirteen children
2. thirteen friends
3. fourteen boys
4. fourteen girls
5. fourteen fathers

107

Ο Ανδρέας

- Κορίτσια, παίζουμε τη δασκάλα;
- Ναι, ναι, παίζουμε.
- Λοιπόν, *ποια* θα είναι η δασκάλα;
- Εγώ, λέει η Ελένη.
- Όχι, εγώ, λέει η Ειρήνη.
- Γιατί εσύ και όχι εγώ; λέει η Ελένη.
- Εγώ είμαι πιο μεγάλη, λέει η Ειρήνη.
- Εγώ όμως, *φαίνομαι* σαν δασκάλα,
λέει η Ελένη.
- *Κοίταξε.* Φοράω *γυαλιά* και έχω
και *ψηλά τακούνια.*
- Κορίτσια, *μη μαλώνετε.* *Ούτε* η μία,
ούτε η άλλη κάνει για δασκάλα, λέει η Νίκη.
- Γιατί δεν *κάνουμε* για δασκάλα;
- Γιατί μαλώνετε. Και οι δασκάλες δε μαλώνουν.
- *ΕΓΩ* κάνω για δασκάλα, γιατί και η γιαγιά μου ήταν δασκάλα,
λέει η Νίκη.

Μπαίνει στη μέση ο Ανδρέας.
- Μη μαλώνετε κορίτσια. Ούτε η μία, ούτε η άλλη κάνει
για δασκάλα. *Θα παίξουμε* τη δασκάλα, μα δάσκαλος θα
είμαι ΕΓΩ! ☺

λεξιλόγιο - vocabulary

ποια; - who?
φαίνομαι - I seem, I look like
κοίταξε! - look!
τα γυαλιά - eye glasses
ψηλά - high
τα τακούνια - heels
μη μαλώνετε! - do not fight!
ούτε … ούτε - neither… nor
κάνουμε - we make
εγώ - I
μπαίνω - I enter
η μέση - middle
μπαίνει στη μέση - he gets in the
middle
θα παίξουμε - we will play

μελέτη λέξεων - word study

φοράω - I wear
η γιαγιά - grandmother
τα γυαλιά - eye glasses
εγώ - I
καμιά - no one
ναι - yes
όχι - no

Ερωτήσεις για την τάξη

Α. **Ερωτήσεις:**

1. Τι παιχνίδι παίζουν τα κορίτσια;
2. Ποιο κορίτσι θέλει να είναι δασκάλα;
3. Τι λέει όμως η Ειρήνη;
4. Γιατί η Ειρήνη λέει πως πρέπει να είναι η δασκάλα;
5. Τι λέει η Νίκη;
6. Γιατί η Νίκη κάνει για δασκάλα;
7. Γιατί η Ελένη και η Ειρήνη δεν κάνουν για δασκάλα;
8. Ποιος μπαίνει στη μέση;
9. Τι λέει ο Ανδρέας;
10. Ποιος θα είναι στο τέλος ο δάσκαλος;

Β. **We say «φοράω» or «φορώ» - I wear**

φοράς   you wear
φοράει   he, she, it wears

1. Εγώ _____γυαλιά.
2. Ο Μιχάλης _____ γυαλιά.
3. Ο Πάνος δε _____ γυαλιά.
4. Εσύ _____ γυαλιά;

Γ. **We say «κανένας, καμιά, κανένα» - nobody**

1. _____ παιδί δεν είναι εδώ.
2. _____ μητέρα δεν είναι στο σχολείο.
3. _____ πατέρας δεν έχει ποδήλατο.

Δ. **We say «μπαίνω στον, στη, στο» - I go in (into)**

1. Εγώ μπαίνω _____ σχολείο.
2. Εσύ μπαίνεις _____ κάμαρά σου.
3. Τα παιδιά μπαίνουν _____ τάξη τους.

110

Η Ελένη

Με λένε Ελένη.

Ο πατέρας πολλές φορές μου **μιλάει** για την **Ελλάδα**.

- Πού είναι η Ελλάδα; Είναι στην Αμερική; τον ρωτώ.

- Α! Όχι, δεν είναι στην Αμερική.

Είναι **μακριά**, πολύ μακριά. Είναι στην **Ευρώπη**.

- Και πώς πηγαίνουμε εκεί;

- Πηγαίνουμε με **αεροπλάνο**.

- Εσύ, πατέρα, ξέρεις την Ελλάδα;

- Την ξέρω, γιατί **γεννήθηκα** εκεί.

- Και η μαμά, πού γεννήθηκε;

- Η μαμά σου, Ελένη, γεννήθηκε στην Αμερική.

- **Μπορούμε** να πάμε στην Ελλάδα;

- Να, **κοίταξε** εδώ τον **χάρτη**. **Θα περάσουμε** μια μεγάλη **θάλασσα** και **θα φτάσουμε** στην **Αθήνα**.

- Τι είναι η Αθήνα;

- Η πιο μεγάλη και η πιο όμορφη **πόλη** της Ελλάδας.

Θα δεις πολλά **πράγματα** εκεί. ☺

λεξιλόγιο - vocabulary

μιλάει - he speaks
η Ελλάδα - Greece
μακριά - far
η Ευρώπη - Europe
το αεροπλάνο - airplane
γεννήθηκα - I was born
μπορούμε - we can
κοίταξε - look
ο χάρτης - map
θα περάσουμε - we will pass
η θάλασσα - sea
θα φτάσουμε - we will arrive
η Αθήνα - Athens
η πόλη - city
τα πράγματα - things

μελέτη λέξεων - word study

η Ελλάδα - Greece
η Αθήνα - Athens
η πόλη - city
η θάλασσα - sea
η Ευρώπη - Europe
η Αμερική - America

Verb

εγώ	μιλώ	I talk
εσύ	μιλάς	you talk
αυτός, αυτή, αυτό	μιλ-ά, -άει	he, she, it talks
εμείς	μιλ-ούμε, -άμε	we talk
εσείς	μιλάτε	you talk
αυτοί	μιλούν	they talk

Εμείς μιλάμε για την Ελλάδα.

Εγώ μιλώ για την Ελλάδα.
Εμείς μιλάμε για την Ελλάδα.

Αυτή μιλά για την Αμερική.
Αυτός και αυτή μιλούν για την Αμερική.

Ερωτήσεις για την τάξη ❓

Α. **Ερωτήσεις:**

1. Ποιος μιλάει πολλές φορές για την Ελλάδα;
2. Πού είναι η Ελλάδα; Είναι στην Αμερική;
3. Πώς πηγαίνουμε στην Ελλάδα;
4. Πού γεννήθηκε ο πατέρας;
5. Η μαμά, που γεννήθηκε;
6. Τι θα περάσουμε για να πάμε στην Ελλάδα;
7. Τι είναι η Αθήνα;
8. Τι θα δούμε στην Αθήνα;

Β. **Λέμε:** Εγώ μιλώ.

Ο Μανόλης _____
Η δασκάλα _____
Εμείς _____ στην τάξη.
Τα παιδιά δεν _____ στην τάξη.
Εσείς, γιατί _____;
Εμείς δε _____, ακούμε

Γ. **Λέμε:** ο χάρτης   the map   οι χάρτες*   the maps
*To make more than one we change the **-ης** to **-ες**.

ο μαθητής   οι _____

Δ. **Λέμε:** η Ελλάδα   Greece   της Ελλάδας*   of Greece
η θάλασσα   sea   της θάλασσας   of the sea
η Αθήνα   Athens   της Αθήνας   of Athens
*We add an **-ς** to show that something belongs. Also, the **η** changes to **της**.

Τα παιδιά (of Athens) _____
Τα ψάρια (of the sea) _____

Ο Δημήτρης

Ο Δημήτρης μετρά τα **αεροπλανάκια** που έχει:

Ένα, δυο, τρία, τέσσερα, πέντε, έξι μικρά αεροπλανάκια.

Ένα, δυο, τρία, τέσσερα μεγάλα αεροπλανάκια.

Έχω δέκα αεροπλανάκια, λέει ο Δημήτρης. Τρία άσπρα, τρία μπλε, δυο κόκκινα, ένα πράσινο και ένα κίτρινο.

Σήμερα πετούν τα μπλε.

Του αρέσει πολύ να παίζει με τα αεροπλανάκια του.

Ζουουουουμ, **πετά** το ένα. Ζουουουουμ πετά και το άλλο.

- Αυτό πετάει **πιο γρήγορα** από όλα τα άλλα, λέει.

- Αυτό πηγαίνει στο **φεγγάρι**.

- Όχι, Δημήτρη, δεν πηγαίνει στο φεγγάρι. Δεν είναι **ρουκέτα**.

- Όταν θα μεγαλώσω, θα πάω στο φεγγάρι με μια ρουκέτα, λέει ο Δημήτρης. ☺

λεξιλόγιο - vocabulary

το αεροπλανάκι - small airplane
το αεροπλάνο - airplane
σήμερα - today
πετούν - they fly
πετά - it flies
πιο γρήγορο - faster
το φεγγάρι - moon
η ρουκέτα - rocket

116

το αεροπλάνο - airplane
γρήγορος - fast, quick
το φεγγάρι - moon
κόκκινο - red
κίτρινο - yellow
άσπρο - white
πράσινο - green
γαλανό, γαλάζιο, μπλε - blue

η μέρα - day
η εβδομάδα - week
η Κυριακή - Sunday
η Δευτέρα - Monday
η Τρίτη - Tuesday
η Τετάρτη - Wednesday
η Πέμπτη - Thursday
η Παρασκευή - Friday
το Σάββατο - Saturday

σήμερα - today
αύριο - tomorrow
μεθαύριο - the day after tomorrow
χτες - yesterday

Ερωτήσεις για την τάξη

Α. **Ερωτήσεις:**

1. Τι έχει ο Δημήτρης;
2. Τι κάνει ο Δημήτρης τα αεροπλανάκια του;
3. Πόσα μικρά αεροπλανάκια έχει;
4. Πώς τα μετρά;
5. Πόσα μεγάλα αεροπλανάκια έχει;
6. Πόσα είναι όλα τα αεροπλάνα που έχει ο Δημήτρης;
7. Τι χρώματα έχουν τα αεροπλανάκια;
8. Τι κάνει ο Δημήτρης με τα αεροπλανάκια του;
9. Ο Δημήτρης λέει πως ένα αεροπλανάκι πηγαίνει στο φεγγάρι. Γιατί το αεροπλανάκι δεν μπορεί να πάει στο φεγγάρι;

Β. **Πέστε τις μέρες:**

1. Τι μέρα είναι σήμερα;
2. Τι μέρα θα είναι αύριο;
3. Τι μέρα θα είναι μεθαύριο;
4. Τι μέρα ήταν χτες;
5. Τι μέρα ήταν προχτές;
6. Ποια μέρα έρχεται ύστερα από την Τρίτη;
7. Ποια μέρα είναι πριν από την Παρασκευή;
8. Ποια είναι η πρώτη (first) μέρα;
9. Ποια είναι η τελευταία (last) μέρα;

Γ. **Πέστε στα ελληνικά:**

today	the day after tomorrow	morning
tomorrow	yesterday	evening
	day	noon
	night	afternoon

Ο Λάκης

Του αρέσουν τα ***τρένα***.

Είναι ο Λάκης. Τον λένε «Λάκη Τρενάκη».

Το μυαλό του είναι στα τρένα, μικρά και μεγάλα.

Πολλές φορές λέει στον μπαμπά του:

- Μπαμπά, ***πάρε με*** στον ***σταθμό***.

Θέλω να δω τα τρένα που ***έρχονται και φεύγουν***.

Άλλες φορές πάλι λέει:

- Μπαμπά, πότε θα πάμε ***ταξίδι*** με το τρένο;

Ένα δωμάτιο στο σπίτι είναι ***γεμάτο*** με τρένα.

Με τα τρένα του Λάκη.

- Τι δώρο θέλεις, Λάκη, για τα γενέθλιά σου;

- Τρένο, ***απαντάει***.

- Για τα Χριστούγεννα; Πάλι τρένο.

Όταν δεν έχει σχολείο, όλη του την ***ώρα*** την περνάει με τα
τρένα. Τα ***ξεκινάει*** και τα βλέπει να γυρίζουν ***γύρω γύρω***
και να ***φωνάζουν*** «τσου, τσου, τσου».

Γι' αυτό όλοι τον λένε «Τρενάκη». ☺

119

λεξιλόγιο - vocabulary

το τρένο - train
το μυαλό - brain, mind
πάρε με! - take me!
ο σταθμός - station
έρχονται και φεύγουν - they
  come and go
το ταξίδι - trip, journey, voyage
γεμάτο - full
απαντάει - he answers
η ώρα - time
τα ξεκινάει - he starts them
γύρω γύρω - round and round,
  around
φωνάζουν - they call, they shout

μελέτη λέξεων - word study

το δωμάτιο - room
το ταξίδι - trip
το τρένο - train
φεύγω - I leave

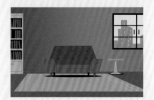

120

Verb

εγώ	φεύγω	I leave
εσύ	φεύγεις	you leave
αυτός, αυτή, αυτό	φεύγει	he, she, it leaves
εμείς	φεύγουμε	we leave
εσείς	φεύγετε	you leave
αυτοί	φεύγουν	they leave

Αυτοί φεύγουν με το τρένο.

Εσύ, φεύγεις;
Ναι, εγώ φεύγω για ταξίδι.

Εσείς φεύγετε;
Όχι, εμείς δε φεύγουμε.

Ερωτήσεις για την τάξη

Α. Ερωτήσεις:

1. Τι αρέσουν στον Λάκη;
2. Πώς λένε τον Λάκη, επειδή του αρέσουν τα τρένα;
3. Τι λέει ο Λάκης στον μπαμπά του πολλές φορές;
4. Γιατί θέλει ο Λάκης να πάει στον σταθμό;
5. Πώς είναι το δωμάτιο του Λάκη;
6. Τι δώρο θέλει ο Λάκης για τα γενέθλιά του;
7. Τι δώρο θέλει για τα Χριστούγεννα;
8. Τι κάνει ο Λάκης, όταν δεν έχει σχολείο;

Β. Λέμε:

1. Εγώ φεύγω.
2. Εμείς _____
3. Εσείς _____
4. Αυτός _____
5. Αυτή _____
6. Αυτά τα παιδιά _____
8. Εσύ _____;
9. Όχι, εγώ δε _____
10. Ποιος _____
11. Κανένας δε _____

Γ. Λέμε: το δωμάτιο   τα δυο _____

           ένα ταξίδι   πολλά _____

           ένα μεγάλο τρένο   τρία _____

           μια ώρα   τρεις _____

           μια μέρα   δέκα _____

           ένας μαθητής   δυο _____

           ένας μεγάλος δρόμος δυο _____

122

Τα Αγόρια

Τώρα ξέρετε όλα τα παιδιά της γειτονιάς.
Είναι όλα **χαρούμενα** και **ευτυχισμένα**.
Όλα καλά και **φρόνιμα**.
Ελάτε παιδιά, μπείτε στη **σειρά**:
Πρώτα τα αγόρια.

 Εγώ είμαι ο Γιάννης. Είμαι ψηλός και δυνατός.
Ακούω τον μπαμπά και τη μαμά. Είμαι καλό παιδί.

 Εμένα με λένε Σταύρο. Ξέρω να χαιρετώ:
«Καλημέρα. Καλησπέρα. Καληνύχτα».

 Με ξέρετε εμένα; Είμαι ο Νίκος. Είμαι κι εγώ
δυνατό παιδί. Παίζω ποδόσφαιρο.

 Εγώ είμαι ο Τάκης. Μου αρέσει πολύ να τρώω. Να,
τώρα θέλω παγωτό. Σε λίγο θα θέλω μια σοκολάτα.

 Είμαι ο Μανόλης. Μου αρέσουν τα πατατάκια.
Θέλετε κι εσείς λίγα; Να, πάρτε από το σακουλάκι.

Το όνομά μου είναι Αλέξης. Έχω πολλές μπάλες, κόκκινες, κίτρινες, άσπρες, όλες χρωματιστές.

Εμένα μου αρέσει το σχολείο. Θέλω να έχω σχολείο ακόμα και την Κυριακή. Με λένε Βασίλη.

Εγώ είμαι ο Μίμης. Είμαι καλό παιδί. Το ξέρει όλος ο κόσμος. Τρώω όλο το φαγητό μου, πίνω το γάλα μου, διαβάζω τα μαθήματά μου.

Γαβ, γαβ, γαβ, είναι το σκυλάκι μου, ο Μαυρούλης. Το φωνάζω Μαυρούλη, γιατί είναι μαύρο. Α! Ξέχασα να σας πω. Με λένε Κώστα.

Με λένε Μιχάλη. Μου αρέσει το παγωτό. Μόλις φάω ένα χωνάκι, θέλω κι άλλο.

Θέλετε να μάθετε το όνομά μου; Γιώργος. Έχω ένα μικρό αδελφάκι που όλο κλαίει. Μα το αγαπώ.

Έχω ένα καινούργιο ποδήλατο. Είναι δώρο για τα γενέθλιά μου. Πώς με λένε; Με λένε Ηλία.

Εγώ είμαι ο Θοδωρής. Έχω πολλά αυτοκινητάκια.
Πού θέλετε να πάτε;
Θα σας πάρω με το αυτοκίνητό μου.

 Με λένε Ανδρέα. Κάνω τον δάσκαλο.

 Ένα, δυο, τρία, τέσσερα αεροπλανάκια.
Είμαι ο Δημήτρης. Όταν μεγαλώσω θα πάω στο
φεγγάρι με μια ρουκέτα. Ελάτε κι εσείς μαζί μου.

 Εγώ είμαι ο Λάκης, ο Τρενάκης.
«Τσου, τσου, τσου», έρχεται το τρένο.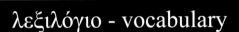

λεξιλόγιο - vocabulary

χαρούμενη - joyful
ευτυχισμένη - happy
φρόνιμος - quiet, well behaved
σειρά - line
πρώτα - first

Τα Κορίτσια

Τώρα μπείτε στη γραμμή, εσείς, τα κορίτσια.

Εγώ είμαι η Σοφία. Έχω ωραία μαλλιά και μαύρα μάτια. Έχω πολλές φίλες.

Με λένε Μαργαρίτα. Μ' αρέσει κάθε τι κόκκινο. Κόκκινα ρούχα, κόκκινα παπούτσια, κόκκινες κορδέλες, κόκκινη ζώνη.

Ξέρετε ποια είμαι; Είμαι το κορίτσι με το βιολί. Η Ρένα. Μ' αρέσει πολύ το βιολί. Εσάς, σας αρέσει;

Ένα νόστιμο sandwich με ζαμπόν και ντομάτα. Το τρώω με σταρένιο ψωμί. Με λένε Αλεξάνδρα.

Είμαι η Αθηνά. Μου αρέσει να ζωγραφίζω. Τώρα ζωγραφίζω την ελληνική σημαία.

Εγώ τα ξέρω όλα. Ξέρω πιο πολλά από τη δασκάλα μου, τη μαμά, τον μπαμπά. Είμαι η Άννα, που τα ξέρει όλα.

Είμαι η Βαγγελιώ. Πόσο μ' αρέσει να χορεύω. Έχω και δικό μου τραγουδάκι:
"Ένα νερό κυρά Βαγγελιώ"

Σας αρέσουν τα λουλούδια; Εγώ αγαπάω τα λουλούδια. Τι όμορφα που είναι! Είμαι η Μαρία.

- Μια πάπια, μα ποια πάπια;
Κοίταξε αυτή την πάπια, λέει η Κούλα.

Μια σοκολάτα, παρακαλώ. Τι γλυκιά που είναι! Σας αρέσει; Πάρτε κι εσείς λίγη. Σας τη δίνω εγώ, η Κατερίνα.

Δεν σας το δίνω. Είναι δικό μου το γατάκι.
Είμαι η Ανθούλα.

Θέλω να πάω στην Ελλάδα. Θα πάω εκεί
που γεννήθηκε ο πατέρας. Με λένε Ελένη.

Αυτά είναι τα παιδιά της γειτονιάς.
Βλέπετε τι καλά που είναι;
Καλό καλοκαίρι, παιδιά.

μελέτη λέξεων - word study

η γραμμή - line
το τραγούδι - song

το λουλούδι - flower

τα γυαλιά - eye glasses
το καλοκαίρι - summer

Λεξιλόγιο - Vocabulary

A

αβγό, το – egg
αγαπητ -ός, -ή, -ό – dear
αγαπώ (2) – I love
άγιος, ο – saint
αγοράζω (1) – I buy
αγόρι, το – boy
αδελφάκι, το – little
    brother
αδελφή, η – sister
αδελφός, ο – brother
αέρας, ο – air, wind
αεροπλανάκι, το – small
    airplane
αεροπλάνο, το – airplane
Αθήνα, η – Athens
ακόμα – yet, still
ακούω (1) – I hear, I listen
άλλος, άλλη, άλλο – other,
    another
Αμερική, η – America
ανοίγω (1) – I open
αντίο – good-bye
απαντώ (2) – I answer
απόγευμα, το – afternoon
αρέσει, μου (1) – I like
αρχίζω (1) – I begin,
    I start
άσπρ-ος, -η, -ο – white
αυλή, η – yard
αύριο – tomorrow
αυτί, το – ear
αυτοκινητάκι, το – toy car
αυτοκίνητο, το – car
αυτός, αυτή, αυτό – this,
    he, she, it
αφήνω (1) – I leave,
    I allow, I let

B

βάζω (1) – I put
βγαίνω (1) – I go out
βιβλίο, το – book
βιβλιοθήκη, η – bookcase,
    library
βιολέτα, η – violet
βιολί, το – violin
βλέπω (1) – I see
βοηθώ (2) – I help
βούτυρο, το – butter
βράδυ, το – evening
βρίσκω (1) – I find

Γ

γάλα, το – milk
γαλάζι-ος, -α, -ο – blue
γαλαν-ός, -ή, -ό – blue
γατάκι, το – kitten
γαυγίζω (1) – I bark
γειτονιά, η – neighborhood
γεμάτ-ος, -η, -ο – full
γενέθλια, τα – birthday
γεννιέμαι (4) – I am born
γιαγιά, η – grandmother
γιασεμί, το – jasmine
γιατί – why
γίνομαι (4) – I become
γραμμή, η – line
γράφω (1) – I write
γρήγορα – quickly, fast
γυαλιά, τα – glasses
γυαλίζω (1) – I shine
γύρω – round, around
γωνιά, η – corner

Δ

δασκάλα, η – woman
    teacher
δάσκαλος, ο – man
    teacher
δέκα – ten
δεκαεννιά – nineteen
δεκαέξι – sixteen
δεκαεφτά – seventeen
δεκαοχτώ – eighteen
δεκαπέντε – fifteen
δεκατέσσερα – fourteen
δεκατρία – thirteen
δεν – no, not
δένω (1) – I tie
δες – see
Δευτέρα, η – Monday
διαβάζω (1) – I read
διάβασμα, το – reading
δίνω (1) – I give
δρόμος, ο – street, road
δυνατ-ός, -ή, -ό – strong
δύο, δυο – two
δώδεκα – twelve
δωμάτιο, το – room
δώρο, το – gift

E

εβδομάδα, η – week
εγώ – I
εδώ – here
εικόνα, η – icon
είκοσι – twenty
είμαι (4) – I am
εκεί – there
εκείν-ος, -η, -ο – that one
εκκλησία, η – church
Ελλάδα, η – Greece
ελληνικ-ός, -ή, -ό – Greek
ένας, μία, ένα – one, a, an
εννέα, εννιά – nine
έντεκα – eleven
έξι – six
έξυπν-ος, -η, -ο – smart
έξω – out
έρχομαι (4) – I come

εσύ – you
ετοιμάζω (1) – I prepare
ετοιμάζομαι (4) – I get
   ready
έτσι – thus, so
Ευρώπη, η – Europe
ευτυχισμέν-ος, -η, -ο
   – happy
ευχαριστώ (3) – I thank
εφτά – seven
έχω (1) – I have

Ζ
ζαλίζω (1) – I make dizzy
ζαμπόν, το – ham
ζωγραφίζω (1) – I draw
ζωηρ-ός, -ή, -ό – vivid,
   lively
ζώνη, η – belt

Η
ηλεκτρονικό – electronic
ήσυχ-ος, -η, -ο – quiet

Θ
θάλασσα, η – sea
θάμνος, ο – bush
θέλω (1) – I want
θρανίο, το – desk (student)

Ι
ίδιος, ίδια, ίδιο – same
ιερό, το – altar

Κ
καθαρίζω (1) – I clean
κάθε – every
κάθομαι (4) – I sit
και – and
καινούργι-ος, -α, -ο – new
καιρός, ο – time, weather

κακ-ός, -ή, -ό – bad, evil
καλάθι, το – basket
καλημέρα – good morning
καληνύχτα – good night
καλησπέρα – good
   evening
καλοκαίρι, το – summer
καλός, καλή, καλό – good
κάλτσα, η – sock, stocking
καλύτερ-ος, -η, -ο
   – the best
καλωσορίζω (1) – I
   welcome
καμία – no one
κανένας, καμιά, κανένα
   – nobody
κάνω (1) – I do, I make
κασταν-ός, -ή, -ό – brown
κάτω – down
κήπος, ο – garden
κιμωλία, η – chalk
κίτριν-ος, -η, -ο – yellow
κλαίω (1) – I cry, I weep
κλείνω (1) – I close, I shut
κόβω (1) – I cut
κοιτάζω (1) – I look
κόκκιν-ος, -η, -ο – red
κολυμπώ (2) – I swim
κοντά – near, close
κορδέλα, η – ribbon
κορίτσι, το – girl
κόσμος, ο – world, people
κότα, η – chicken, hen
κουζίνα, η – kitchen
κρέας, το – meat
κρεβάτι, το – bed
κρίμα – pity
κρύβω (1) – I hide
κρύ-ος, -α, -ο – cold
κυρία, η – Mrs.
Κυριακή, η – Sunday

Λ
λέω (1) – I say
λεωφορείο, το – bus
λίγ-ος, -η, -ο – little
λίμνη, η – lake
λουλούδι, το – flower

Μ
μα – but
μαζεύω (1) – I gather
μαζί – together
μαθαίνω (1) – I learn
μάθημα, το – lesson
μαθητής, ο – boy pupil
μαθήτρια, η – girl pupil
μακριά – far, long
μάλιστα – yes
μαλλιά, τα – hair
μαλώνω (1) – fight
μαμά, η – mother
μανία, η – passion
μαρμελάδα, η –
   marmalade
μαρούλι, το – lettuce
μάτι, το – eye
μαύρ-ος, -η, -ο – black
με – with
μεγάλ-ος, -η, -ο – big,
   large
μεγαλώνω (1) – I grow up
μέρα, η – day
μέσα – in, inside
μέση, η – middle
μεσημέρι, το – noon
μετρώ (2) – I count
μέχρι – till
μήλο, το – apple
μη(ν) – no, not
μητέρα, η – mother
μια – one, a ,an
μικρ-ός, -ή, -ό – small

μικρούλα, η – small girl
μιλώ (2) – I talk, I speak
μοιάζω (1) – I look like
μόλις – as soon as
μολύβι, το – pencil
μόνο – only
μόν-ος, -η, -ο – alone
μου – my, mine
μουσική, η – music
μπαίνω (1) – I enter
μπάλα, η – ball
μπαμπάς, ο – father
μπάνιο, το – bath, bathroom
μπάσκετ, το – basketball
μπλε – blue
μπογιά, η – paint
μπορώ (3) – I can, I am
    able
μπράβο – bravo
μυαλό, το – mind, brain
μύτη, η – nose
μωρό, το – baby

Ν
ναι – yes
νερό, το – water
ντομάτα, η – tomato
ντουλάπι, το – cupboard
ντύνομαι (4) – I dress
    myself
νύχτα, η – night

Ξ
ξανθ-ός, -ή, -ό – blond
ξεκινώ (2) – I start
ξεπερνώ (2) – I pass
ξέρω (1) – I know
ξηρά, η – land
ξυπνώ (2) – I wake

Ο
όλος, όλη, όλο – all

ομάδα, η – team, group
όμορφ-ος, -η, -ο
    – beautiful
όμως – but, however
όνομα, το – name
όπου – wherever
όταν – when
ουρά, η – tail
ούτε...ούτε – neither…nor
όχι – no, not
οχτώ – eight

Π
παγωτό, το – ice cream
παιδί, το – child
παίζω (1) – I play
παίκτης, ο – player
παίρνω (1) – I take
παιχνίδι, το – game, toy
πάλι – again
Παναγία, η – Virgin Mary
πάντοτε – always
παντού – everywhere
παπάς, ο – priest
πάπια, η – duck
παπούτσι, το – shoe
παππούς, ο – grandfather
παρακαλώ (3) – I please,
    I plead
Παρασκευή, η – Friday
πάρκο, το – park
πατάτα, η – potato
πατατάκια, τα – potato
    chips
πατέρας, ο – father
πάτωμα, το – floor
πεινώ (2) – I am hungry
πειράζω (1) – I bother
Πέμπτη, η – Thursday
πέντε – five
περίπατος, ο – walk

περνώ (2) – I pass
περπατώ (2) – I walk
πετιέμαι στη μέση (4) – I
    interfere
πετώ (2) – I fly
πέφτω (1) – I fall
πηγαίνω (1) – I go
πίνακας, ο – blackboard
πίνω (1) – I drink
πίσω – behind
πλαστικ-ός, -ή, -ό – plastic
πλένω (1) – I wash
ποδήλατο, το – bicycle
πόδι, το – foot, leg
ποδόσφαιρο, το – soccer
ποιος, ποια, ποιο – who
πόλη, η – town, city
πολλά – many
πολύ – much, a lot
πορτοκαλάδα, η – orange
    juice
πορτοκαλί – orange (color)
πόσος, πόση, πόσο – how
    much?
πουλί, το – bird
πράγμα, το – thing
πράσιν-ος, -η, -ο – green
πρέπει – must
πρόσωπο, το – face
πρωί, το – morning
πρώτα – first
πυκν-ός, -ή, -ό – thick
πώς – how?
πως – that

Ρ
ρουκέτα, η – rocket
ρούχα, τα – clothes
ρωτώ (2) – I ask

Σ

Σάββατο, το – Saturday
σακουλάκι, το – little bag
σειρά, η – order
σημάδι, το – mark
σημαία, η – flag
σήμερα – today
σκυλάκι, το – little dog,
    puppy
σοκολάτα, η – chocolate
σου – your, yours, to you
σπορ, το (τα) – sport
σταθμός, ο – station
σταρένι-ος, -α, -ο – of
    wheat
σταυρός, ο – cross
στον, στη(ν), στο – to the,
    in the, at the
στυλό, το – pen
σχολείο, το – school

Τ
ταΐζω (1) – I feed
τακούνια, τα – heels
τάξη, η – classroom
ταξίδι, το – trip, voyage
τέσσερα – four
Τετάρτη, η – Wednesday
τετράδιο, το – notebook
τηγανιτ-ός, -ή, -ό – fried
τραγούδι, το – song
τρελαίνομαι (4) – I am
    crazy about
τρένο, το – train
τρέχω (1) – I run
τρία – three
τριαντάφυλλο, το – rose
Τρίτη, η – Tuesday
τρώω (1) – I eat
τσέπη, η – pocket
τυρί, το – cheese
τώρα – now

Υ
ύστερα – after, later

Φ
φαγητό, το – food, meal
φαίνομαι (4) – I seem, I
    look, I am seen
φεγγάρι, το – moon
φέτος – this year
φεύγω (1) – I leave
φίλη, η – friend (girl)
φίλος, ο – friend (boy)
φορά, η – time
φορώ (3) – I wear
φουστάνι, το – dress
φρόνιμ-ος, -η, -ο – quiet
φρούτο, το – fruit
φτάνει – it is enough
φτάνω (1) – I arrive, I
    reach
φωνάζω (1) – I shout

Χ
χαδιάρικο – playful
χαίρετε – good-bye
χαιρετώ (2) – I greet
χαρούμεν-ος, -η, -ο
    – joyful
χάρτης, ο – map
χειμώνας, ο – winter
χέρι, το – hand
χορεύω (1) – I dance
χορός, ο – dance
Χριστός, ο – Christ
Χριστούγεννα, τα
    – Christmas
χρόνος, ο – time, year
χρωματιστ-ός, -ή, -ό
    – colorful
χτενίζω (1) – I comb
χτες – yesterday

χωνάκι, το – cone

Ψ
ψάρι, το – fish
ψάχνω (1) – I search
ψηλ-ός, -ή, -ό – tall, high
ψυγείο, το – refrigerator
ψωμί, το – bread

Ω
ώρα, η – hour
ωραίος, ωραία, ωραίο
    – beautiful

Vocabulary - Λεξιλόγιο

A

a – ένας, μία, ένα
able, I am – μπορώ (3)
after – ύστερα
afternoon – το απόγευμα
again – πάλι
air – ο αέρας
airplane – το αεροπλάνο
airplane (small) – το αεροπλανάκι
all – όλ-ος, -η, -ο
allow, I – αφήνω (1)
alone – μόν-ος, -η, -ο
altar – το ιερό
always – πάντοτε
am, I – είμαι (4)
America – η Αμερική
an – ένας, μία, ένα
and – και
another – άλλ-ος, -η, -ο
answer, I – απαντώ (2)
apple – το μήλο
around – γύρω
arrive, I – φτάνω (1)
as soon as – μόλις
ask, I – ρωτώ (2)
at the – στον, στη, στο
Athens – η Αθήνα

B

baby – το μωρό
bad – κακ-ός, -ή, -ό
bag (little) – το σακουλάκι
ball – η μπάλα
bark, I – γαυγίζω (1)
basket – το καλάθι
basketball – το μπάσκετ
bath – το μπάνιο
bathroom – το μπάνιο
beautiful – όμορφ-ος, -η, -ο; ωραί-ος, -α, -ο

become, I – γίνομαι (4)
bed – το κρεβάτι
begin, I – αρχίζω (1)
behind – πίσω
belt – η ζώνη
best, the – ο καλύτερ-ος, -η, -ο
bicycle – το ποδήλατο
big – μεγάλ-ος, -η, -ο
bird – το πουλί
birthday – τα γενέθλια
black – μαύρ-ος , -η, -ο
blackboard – ο πίνακας
blond – ξανθ-ός, -ή, -ό
blue – γαλάζι-ος, -α, -ο, γαλαν-ός, -ή, -ό, μπλε
book – το βιβλίο
bookcase – η βιβλιοθήκη
born, I am – γεννιέμαι (4)
bother, I – πειράζω (1)
boy – το αγόρι
brain – το μυαλό
bravo – μπράβο
bread – το ψωμί
brother – ο αδελφός
brother (little) – το αδελφάκι
brown – κασταν-ός, -ή, -ό
bus – το λεωφορείο
bush – ο θάμνος
but – μα, όμως
butter – το βούτυρο
buy, I – αγοράζω (1)

C

can, I – μπορώ (3)
car – το αυτοκίνητο
car (toy) – το αυτοκινητάκι
chalk – η κιμωλία
cheese – το τυρί

chicken – η κότα, το κοτόπουλο
child – το παιδί
chocolate – η σοκολάτα
Christ – ο Χριστός
Christmas – τα Χριστούγεννα
church – η εκκλησία
city – η πόλη
classroom – η τάξη
clean, I – καθαρίζω (1)
close – κοντά
close, I – κλείνω (1)
clothes – τα ρούχα
cold – κρύ-ος, -α, -ο
colorful – χρωματιστ-ός, -ή, -ό
comb, I – χτενίζω (1)
come, I – έρχομαι (4)
cone – το χωνάκι
corner – η γωνιά, η γωνία
count, I – μετρώ (2)
crazy about, I am – τρελαίνομαι για (4)
cross – ο σταυρός
cry, I – κλαίω (1)
cupboard – το ντουλάπι
cut, I – κόβω (1)

D

dance – ο χορός
dance, I – χορεύω (1)
day – η μέρα, η ημέρα
dear – αγαπητ-ός, -ή, -ό
desk – το θρανίο
do, I – κάνω (1)
dog (little) – το σκυλάκι
down – κάτω
draw, I – ζωγραφίζω (1)
dress – το φουστάνι
dress myself , I – ντύνομαι

133

(4)
drink, I – πίνω (1)
duck – η πάπια

E
ear – το αυτί
eat, I – τρώω (1)
egg – το αβγό
eight – οχτώ
eighteen – δεκαοχτώ
electronic – ηλεκτρονικό
eleven – έντεκα
enough – φτάνει
enter, I – μπαίνω (1)
Europe – η Ευρώπη
evening – το βράδυ
every – κάθε
everywhere – παντού
evil – κακ-ός, -ή, -ό
eye – το μάτι

F
face – το πρόσωπο
fall, I – πέφτω (1)
far – μακριά
fast – γρήγορα
father – ο μπαμπάς,
     ο πατέρας
feed, I – ταΐζω (1)
fifteen – δεκαπέντε
fight, I – μαλώνω (1)
find, I – βρίσκω (1)
first – πρώτα
fish – το ψάρι
five – πέντε
flag – η σημαία
floor – το πάτωμα
flower – το λουλούδι
fly, I – πετώ (2)
food – το φαγητό
foot – το πόδι

four – τέσσερα
fourteen – δεκατέσσερα
Friday – η Παρασκευή
fried – τηγανιτ-ός, -ή, -ό
friend (boy) – ο φίλος
friend (girl) – η φίλη
fruit – το φρούτο
full – γεμάτ-ος, -η, -ο

G
game – το παιχνίδι
garden – ο κήπος
gather, I – μαζεύω (1)
gift – το δώρο
girl – το κορίτσι
girl (small) – το κοριτσάκι
give, I – δίνω (1)
glasses – τα γυαλιά
go out, I – βγαίνω (1)
go, I – πηγαίνω (1)
good – καλ-ός, -ή, -ό
good-bye – αντίο, χαίρετε
good evening –
     καλησπέρα
good morning – καλημέρα
good night – καληνύχτα
grandfather – ο παππούς
grandmother – η γιαγιά
Greece – η Ελλάδα
Greek – ελληνικ-ός, -ή, -ό
green – πράσιν-ος, -η, -ο
greet, I – χαιρετώ (2)
group – η ομάδα
grow up, I – μεγαλώνω (1)

H
hair – τα μαλλιά
ham – το ζαμπόν
hand – το χέρι
happy – ευτυχισμέν-ος,

-η, -ο
have, I – έχω (1)
headache, I give a
     – ζαλίζω (1)
hear, I – ακούω (1)
heels – τα τακούνια
help, I – βοηθώ (2)
here – εδώ
hide, I – κρύβω (1)
high – ψηλ-ός, -ή, -ό
hour – η ώρα
how – πώς
how much – πόσ-ος, -η, -ο
however – όμως
hungry, I am – πεινώ (2)

I
I – εγώ
ice cream – το παγωτό
icon – η εικόνα
in – μέσα
in the – στον, στη(ν), στο
inside – μέσα
interfere, I – πετιέμαι στη
μέση (4)

J
jasmine – το γιασεμί
joyful – χαρούμεν-ος,
     -η, -ο

K
kitchen – η κουζίνα
kitten – το γατάκι
know, I – ξέρω (1)

L
lake – η λίμνη
land – η ξηρά
large – μεγάλ-ος, -η, -ο
later – ύστερα

learn, I – μαθαίνω (1)

leave, I – αφήνω (1), φεύγω (1)

lesson – το μάθημα

let, I – αφήνω (1)

lettuce – το μαρούλι

library – η βιβλιοθήκη

like, I – μου αρέσει (1)

line – η γραμμή

listen, I – ακούω (1)

little – λίγ-ος, -η, -ο

lively – ζωηρ-ός, -ή, -ό

long – μακριά

look like, I – μοιάζω (1), φαίνομαι (4)

look, I – κοιτάζω (1)

love, I – αγαπώ (2)

M

many – πολλά

map – ο χάρτης

mark – το σημάδι

marmalade – η μαρμελάδα

meal – το φαγητό

meat – το κρέας

middle – η μέση

milk – το γάλα

mind – το μυαλό, ο νους

mine – μου, δικό μου

Monday – η Δευτέρα

moon – το φεγγάρι

morning – το πρωί

mother – η μαμά, η μητέρα

Mrs. – η κυρία

much – πολύ

music – η μουσική

must – πρέπει

my – μου

N

name – το όνομα

near – κοντά

neighborhood – η γειτονιά

neither...nor – ούτε...ούτε

new – καινούργι-ος, -α, -ο

night – η νύχτα

nine – εννέα, εννιά

nineteen – δεκαεννιά

no – όχι

nobody – κανένας, καμιά, κανένα

noon – το μεσημέρι

nose – η μύτη

not – δεν

not, no – μη(ν)

notebook – το τετράδιο

now – τώρα

O

one – ένας, μία, ένα

only – μόνο

open, I – ανοίγω (1)

orange (the color) – πορτοκαλί

orange juice – η πορτοκαλάδα

order – η σειρά

other – άλλ-ος, -η, -ο

out – έξω

P

paint – η μπογιά

park – το πάρκο

pass, I – ξεπερνώ (2), περνώ (2)

passion – η μανία

pen – το στυλό

pencil – το μολύβι

pity – κρίμα

plastic – πλαστικ-ός, -ή, -ό

play, I – παίζω (1)

player – ο παίκτης

playful – χαδιάρικο

plead, I – παρακαλώ (3)

please, I – παρακαλώ (3)

pocket – η τσέπη

potato – η πατάτα

potato chips – τα πατατάκια

prepare, I – ετοιμάζω (1)

pupil (boy) – ο μαθητής

pupil (girl) – η μαθήτρια

puppy – το σκυλάκι

put, I – βάζω (1)

Q

quickly – γρήγορα

quiet – ήσυχ-ος, -η, -ο, φρόνιμ-ος, -η, -ο

R

read, I – διαβάζω (1)

reading – το διάβασμα

ready, I get – ετοιμάζω (1)

red – κόκκιν-ος, -η, -ο

refrigerator – το ψυγείο

ribbon – η κορδέλα

road – ο δρόμος

rocket – η ρουκέτα

room – το δωμάτιο

rose – το τριαντάφυλλο

round – γύρω

run, I – τρέχω (1)

S

saint – ο άγιος

same – ίδι-ος, -α, -ο

Saturday – το Σάββατο

say, I – λέω (1)

school – το σχολείο

sea – η θάλασσα

search, I – ψάχνω (1)
see – δες
see, I – βλέπω (1)
seem, I – φαίνομαι (4)
seven – εφτά
seventeen – δεκαεφτά
shine, I – γυαλίζω (1)
shoe – το παπούτσι
shout, I – φωνάζω (1)
shut, I – κλείνω (1)
sister – η αδελφή
sit, I – κάθομαι (4)
six – έξι
sixteen – δεκαέξι
small – μικρ-ός, -ή, -ό
smart – έξυπν-ος, -η, -ο
so – έτσι
soccer – το ποδόσφαιρο
sock – η κάλτσα
song – το τραγούδι
speak, I – μιλώ (2)
sport – το σπορ, τα σπορ
start, I – αρχίζω (1),
    ξεκινώ (2)
station – ο σταθμός
still – ακόμα
stocking – η κάλτσα
street – ο δρόμος
strong – δυνατ-ός, -ή, -ό
summer – το καλοκαίρι
Sunday – η Κυριακή
swim, I – κολυμπώ (2)

T
tail – η ουρά
take, I – παίρνω (1)
talk, I – μιλώ (2)
tall – ψηλ-ός, -ή, -ό
teacher (man) – ο
    δάσκαλος
teacher (woman) – η
    δασκάλα
team – η ομάδα
ten – δέκα
thank, I – ευχαριστώ (3)
that – εκείν-ος, -η, -ο
the – ο, η, το
there – εκεί
thick – πυκν-ός, -ή, -ό
thing – το πράγμα
thirteen – δεκατρία
this – αυτ-ός, -ή, -ό
three – τρία
Thursday – η Πέμπτη
thus – έτσι
tie, I – δένω (1)
till – μέχρι
time – η φορά, ο καιρός, ο
    χρόνος, η ώρα
to the – στον, στη(ν), στο
today – σήμερα
together – μαζί
tomato – η ντομάτα
tomorrow – αύριο
town – η πόλη
toy – το παιχνίδι
train – το τρένο
trip – το ταξίδι
Tuesday – η Τρίτη
twelve – δώδεκα
twenty – είκοσι
two – δύο, δυο

V
violet – η βιολέτα
violin – το βιολί
Virgin Mary – η Παναγία
vivid – ζωηρ-ός, -ή, -ό
voyage – το ταξίδι

W
wake, I – ξυπνώ (2)
walk – ο περίπατος
walk, I – περπατώ (2)
want, I – θέλω (1)
wash, I – πλένω (1)
water – το νερό
wear, I – φορώ (3)
weather – ο καιρός
Wednesday – η Τετάρτη
week – η εβδομάδα
weep, I – κλαίω (1)
welcome, I
    – καλωσορίζω (1)
wheat, of – σταρένι-ος,
    -α, -ο
when – όταν
wherever – όπου
white – άσπρ-ος, -η, -ο
who – ποιος, ποια, ποιο
why – γιατί
wind – ο αέρας, ο άνεμος
winter – ο χειμώνας
with – με
world – ο κόσμος
write, I – γράφω (1)

Y
yard – η αυλή
year – ο χρόνος
year, this – φέτος
yellow – κίτριν-ος, -η, -ο
yes – μάλιστα, ναι
yesterday – χτες, χθες
yet – ακόμα
you – εσύ
your – σου
yours – δικό μου

The Alphabet - Το Αλφάβητο

Αα	άλφα	Νν	νι
Ββ	βήτα	Ξξ	ξι
Γγ	γάμα	Οο	όμικρο
Δδ	δέλτα	Ππ	πι
Εε	έψιλο	Ρρ	ρο
Ζζ	ζήτα	Σσς	σίγμα
Ηη	ήτα	Ττ	ταυ
Θθ	θήτα	Υυ	ύψιλο
Ιι	γιώτα	Φφ	φι
Κκ	κάπα	Χχ	χι
Λλ	λάμδα	Ψψ	ψι
Μμ	μι	Ωω	ωμέγα

We Would Love to Hear From You

Visit www.greek123.com

- New Products & Latest Releases
- Online Lesson Samples
- Teacher Support
- Feedback